别让社交毁了你

方军/编著

社交高手才能成为做事赢家!

中国華僑出版社

图书在版编目（CIP）数据

别让社交毁了你/方军编著．—北京：中国华侨出版社，2006.4

ISBN 978-7-80222-105-5

Ⅰ．别… Ⅱ．方… Ⅲ．人间交往—通俗读物 Ⅳ．C912.1-49

中国版本图书馆 CIP 数据核字（2006）第 030710 号

●别让社交毁了你

编　　著/方　军
责任编辑/海　元
责任校对/钱志刚
经　　销/新华书店
开　　本/710×1000 毫米　1/16　印张 15　字数 280 千字
印　　刷/北京一鑫印务有限责任公司
印　　数/5001-10000
版　　次/2013 年 5 月第 2 版　2018 年 3 月第 2 次印刷
书　　号/ISBN 978-7-80222-105-5
定　　价/29.80 元

中国华侨出版社　北京市朝阳区静安里 26 号通成达大厦 3 层　邮编 100028
法律顾问：陈鹰律师事务所
编辑部：（010）64443056　64443979
发行部：（010）64443051　传真：64439708
网　址：www.oveaschin.com
e-mail：oveaschin@sina.com

前　言

有心人可能会注意到这样一个现象：人与人之间的感情似乎越来越淡漠了，而人与人之间的关系却越来越重要了。的确，从工作角度讲，现代社会分工愈来越精细，几乎没有人可以脱离他人而独立完成一件事；从人生状态角度讲，现代社会已经没有了世外桃源，通讯的高度发达，信息的快速增长，让任何个体都成为整个社会链条中的一环，想两耳不闻窗外事变得越加困难。

既然一个人要不可避免地与他人产生关联，那么社交就变得异乎寻常地重要。毫不夸张地说，社交能力会成就一个人，同样也会毁了一个人。

重视社交，首先要从点滴小事入手打造全新的社交形象。社交高手能够迅速与周围的人打成一片，能够与上上下下建立起良性互动的关系，能够轻而易举地解决一般人望之兴叹的人际关系难题。想成为社交高手，首先要从社交的点滴小事做起改变自己，在众人面前呈现出一个全新的社交形象。

重视社交，还要掌握必要的社交技巧。完全凸显个性的本色社交，固然能给人留下诚实、率真的感觉，但是也容易触犯社交禁忌，对稍微复杂一些的社交问题会束手无策。所以，本色社交只适合于亲朋之间，而在大多数社交场合，需要学习和运用必要的技巧和策略，这样才能让自己在社交之水中畅游。

重视社交，必须锤炼良好的社交心态。不要把社交活动看作简单的待人接物、关系往来，社交实际上是一个人综合素质的反应，更是一个人处世心态的外现。很难想象一个惟利是图、急功近利的人会平等地对待每一个人，他的处世心态决定了其社交活动注定是不成功的。由此看来，做个社交高手必须把处世心态的修炼放到首位。

别让社交毁了你，是悟透人生成败的谆谆告诫，是提高人生层次的警世良言。重视社交，从社交入手检视自己的成败得失，进而改变自己、提升自己，你会发现，原来人生的道路并不总是沟沟坎坎。

目　录

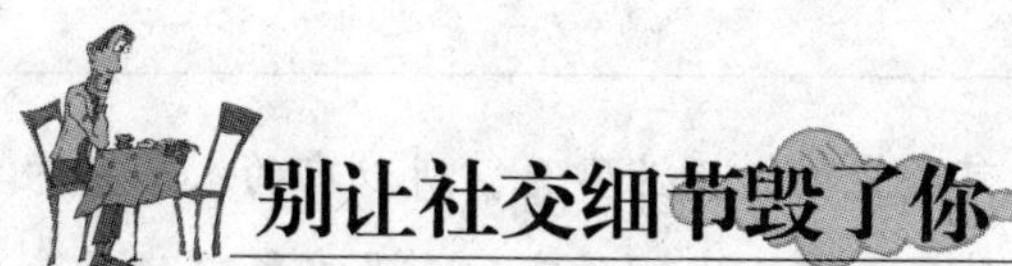

上篇　别让社交细节毁了你

社交高手能够迅速与周围的人打成一片，能够与上上下下建立起良性互动的关系，能够轻而易举地解决一般人望之兴叹的人际关系难题。想成为社交高手，首先要从社交的点滴小事做起改变自己，在众人面前呈现出一个全新的社交形象。

社交形象的塑造不是一朝一夕的事情，而是在一个眼神、一个动作、一个表情等一举一动之间天长日久自然形成的，但恰恰这些细节处不为人所注意。如果在自己家里，这些细节确实是无关紧要的小事，但是在社交场合却会直接影响别人对你的印象，因此，它们又都是影响社交形象的大事。

迎来送往是社交当中不可避免的，因为常见，所以有的人不是很重视，当然也就容易出问题。其实人与人之间的交往正是在繁琐的你来我往当中越走越近；注意迎来送往的细节，有助于为自己营造一个和谐的社交环境。

社交场合的语言表达方式对于塑造良好的社交形象十分关键，把该说的话说到位能给人留下良好的印象；在日常交往中，会说话也是社交

能力的重要体现，可以迅速拉近彼此之间的距离，让社交成为一件愉快的事情。

第一印象在社交当中十分重要，因为先入为主的个人印象，决定别人在相当长的时间里对你的看法和态度。为此，在与人第一次见面时，要尽量有所准备，在细节处有意识地调整自己不足的方面以增加对方对自己的印象分。

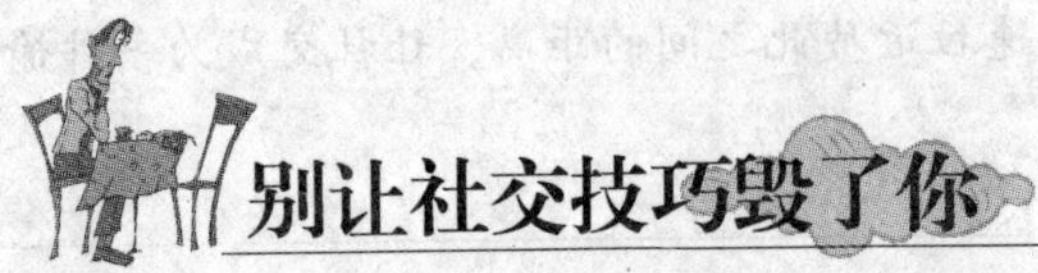

中篇 别让社交技巧毁了你

完全凸显个性的本色社交固然能给人留下诚实、率真的感觉，但是也容易触犯社交禁忌，对稍微复杂一些的社交问题也会束手无策。所以，本色社交只适合于亲朋之间，而在大多数社交场合，需要学习和运用必要的技巧和策略，这样才能让自己在社交之水中畅游。

社交要讲技巧，但这些技巧应该以遵循社交规则为前提。社交场合有很多规则，这些规则没有成文的宣示，也没有人以之强迫你，可以称得上是社交潜规则，它需要你在社交过程中去慢慢学习、领悟。

社交高手固然能够“水煮四海鱼，交往八方客”，但也决不是见什么人交什么人，而是有所选择。俗话说，人往高处走，水往低处流，你的社交圈子里的人如果水平、地位都比你高，你的个人品位也会随之得到提升，反之亦然。因此，有所选择地进行社交活动，不仅可以提高社交效率，还能使自己的事业、人生得到意想不到的帮助。

俗话说，“多个朋友多条路”，但事实上朋友也并非越多越好，因为社交圈子里的多数朋友，只不过是泛泛之交，与其花费时间、精力、金钱交往太多的酒朋玩友，不如深入交往一些感情、事业、生活上能互相支持的真朋友。

第八章　领导是人际关系中非常重要的一环 ……………… (100)

对于上级领导，不管你喜欢还是讨厌，是崇敬还是鄙视，他都是你必须面对和交往的人。重要的是，你职业生涯的前途大半操控在他的手上。因此，处理好与上司的关系是一个社交高手必须做到的。

第九章　和谐是同事关系中社交策略的出发点 ………… (112)

同事关系是十分重要的社交关系。一个人走上工作岗位以后，接触最多的除了家人就是同事，维系和谐的同事关系一方面可以让自己心情愉快地完成八小时的工作，另一方面对自己的工作和整个职业生涯都大有助益。因此，掌握一些与同事交往的社交技巧是十分必要的。

一些高高在上、自视清高的领导不重视与下属的交际，认为上下级之间就是命令与执行的关系，不存在什么交际。这实在是大错特错的危险想法，持这种社交观的领导也注定会失败。把每一位下属当作平等的个体，以张弛有度、收放自如的策略与其交往，才能建立起积极的上下级关系。

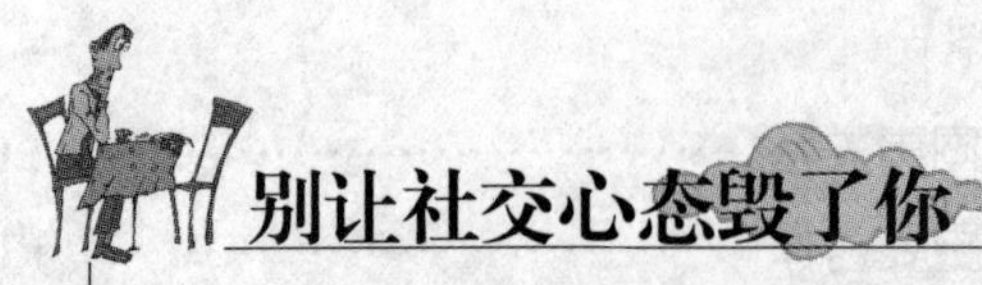

别让社交心态毁了你

下篇

不要把社交活动看作简单的待人接物、关系往来，社交实际上是一个人综合素质的反应，更是一个人处世心态的外现。很难想象一个惟利是图、急功近利的人会平等地对待每一个人，他的处世心态决定了其社交活动注定是不成功的。由此看来，做个社交高手必须把处世心态的修炼放到首位。

人们常有“交友容易交心难”的感叹，并由此视所有的社交活动为虚伪和利益的活动。其实这里就有一个心态问题，因为“交心”只适用于社交圈子中的极少数人，你却指望所有人都与你推心置腹，自然会因巨大的失落导致心态失衡。

做事总要与人打交道，再好的做事方法也不能回避形形色色的人和事，有好人，有坏人，也有不好不坏的人。我们不能抱怨在工作、生活中总会遇到一些不愿遇到的人，给自己带来麻烦的人，因为这些人不以某一个人的意志为转移而事实地存在。解决问题要想“手”到擒来，我们惟一能做的就是找到对付这各色人等的最佳方法。

有困难，有帮助；有成就，有祝贺；有施恩，有报恩……这些都是人之常情，是社交过程中的基本准则。如果所有人都以这个准则行事，社交活动就容易多了。但遗憾的是，并非所有人都按牌理出牌，面对这一不和谐音，首先要平静地接受现实、适应现实，才能找到最佳的应对策略。

我们称在社交场上左右逢源的社交高手为聪明人，因为他们的社交智慧总能让自己成为社交场上最后的赢家，让我们钦佩不已。如果要从深入探究这些社交高手到底高在何处，会发现其共同的特点是拥有良好的个人修养，拥有笑对人情冷暖的良好心态，这就是他们的社交智慧之源。

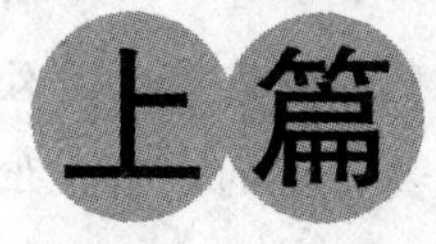

上篇

别让社交细节毁了你

社交高手能够迅速与周围的人打成一片，能够与上上下下建立起良性互动的关系，能够轻而易举地解决一般人望之兴叹的人际关系难题。想成为社交高手，首先要从社交的点滴小事做起改变自己，在众人面前呈现出一个全新的社交形象。

第一章

一举一动之间塑造自己的社交形象

社交形象的塑造不是一朝一夕的事情，而是在一个眼神、一个动作、一个表情等一举一动之间天长日久自然形成的，但恰恰这些细节处不为人所注意。如果在自己家里，这些细节确实是无关紧要的小事，但是在社交场合却会直接影响别人对你的印象，因此，它们又都是影响社交形象的大事。

1. 从走路的姿势开始做起

在美国，有一种新的机器，这个机器可以判断前面 10 公里走来的是男还是女，它主要是靠测量臀部的摇摆度来判断的。因此闹出不少笑话，有的女性被判断是男的，因为她虽然拥有女性的外表，走路的方式却似男子。

无论是谁，都有特殊的走路方式。平常，当我们在距离很远的地方看到老朋友或是家人时，能很快认出他们，因为我们已熟悉他们走路的方式。

在日常生活中，从走路时的步法和步幅，可以看出一个人走路时的特征。当然走路的姿势也随着心情的变化而变化，在心情愉快时，脚步也跟着轻快。反之，在悲伤的时候，走路就会表现出步履沉重的样子。一般说来，迈开步伐较大者，自我表现的欲望比较大。喜欢将自我存在的意识让对方接受。

脚步很快而手臂大摇大摆的人是积极的，被人认为是目标志向型的。而不管天冷或天热，总是将手插于口袋中，不时地低头、拖着脚走路，好像是有东西掉到地上似的，这种人喜欢思考。

将手叉着腰，重心向前，而步伐很快，眼睛好像在寻找东西，一般说来，有这种走路方式的人，大多目光短浅，只看到眼前的利益。

喜欢踢着地面走路，有时好像受到挫折般地怒气冲冲，有时心灰意懒，经常不能保持心里的平静。在职业训练的团体中，有 10% 是属于这种走路的方式。像如此没有干劲的人，会让指导者无心训练，最后损失的还是自己。

也有人将脚步尽量抬高走路，好像在跳舞似的，甚至不管旁边的人如何，也同样边走边跳。走路外八字，或是走路故意交叉一步接一步地走，更有人臀部故意左右大幅摇摆，这种人通常是喜好表现的。

将两手摆在后面，低头俯首，然后慢条斯理地一边走一边想问题，这种走路方式被认为是思考型的人。将下巴抬得高高的，而手臂摆幅很大，脚步也很夸张，步伐故意与众不同的人，这是属于自我满足型，喜欢得到别人的尊重。摆动臀部的走路方式，则以女性为多，此时需要注意姿态方面的美观。

所谓理想型的走路方式，是两肩、身体和腰部成一直线，腹部收缩，收下巴，头部稍微向后倾，两手自然摆动，两脚成一直线向前进。

在人的一生当中，有时虽是做人处世的小节，却可以看出一个人的人生态度，形成他社交形象的一部分，因此从走路的方式，也可以看出这个人的未来。

2. 用礼貌表现出良好的个人修养

社交场合见面时有其他人在场，主人为你介绍时，你应当如何表示才算合乎礼节呢？一般说来，介绍时彼此微微点头，互道一声：某某先生（或小姐）您好！或称呼之后再加一句“久仰”便可以了。介绍时坐着的应该站起来，互相握手。但如果相隔太远不方便握手，互相点头示意即可。随身带有名片时也可交换，交换时应双手奉上，并顺便说一声“请多多指教”之类的客套话。接名片时也应用双手，并礼貌地说一声“不敢当”等，自己若带着也应随后立刻递交对方。如果你是介绍人，介绍时务必清楚明确，不要含糊其辞。比如，介绍李先生时最好能补上一句“木子李”或介绍张先生时补一句“弓长张”等等，这样使对方听起来更明确，不容易发生误会。如果被介绍的一方或双方有一定的职务时，最好能连同单位、职务一起简单介绍。像“这位是某某公司的业务经理某某同志”，这样可使对方加深印象，也可以使被介绍者感到满意。

外出、旅游或者初到一个陌生的地方，可能会有地址不清或对当地的风俗习惯不了解，这就需要询问别人。要想使询问得到满意的答复，就要做到这样两点：

一要找对知情人，主要是指找当地熟悉情况的人。比如，问路可以找民警、司机、邮递员、老年人等。二是要注意询问的礼节，要针对不同的被询问者和所问问题区别对待。比如，询问老年人的年龄时可适当地说得年轻一些，而询问孩子的年龄时则应当大一些；询问文化程度时最好用“你是哪里毕业的?”“你是什么时候毕业的?”等较模糊的问句等。注意询问时不要用命令性的语气，当对方不愿回答时就不要追根问底，以免引起对方不快。

请求别人的帮助时，应当语气恳切。向别人提出请求，虽无须低声下气，但也决不能居高临下态度傲慢。无论请求别人干什么，都应当“请”字当头，即使是在自己家里，当你需要家人为你做什么事时，也应当多用“请”字。向别人提出较重大的请求时，还应当把握恰当的时机。比如，对方正在聚精会神地思考问题或操作实验，对方正遇到麻烦或心情比较沉重时，最好不要去打扰他。如果你的请求一旦遭到别人的拒绝，也应当表示理解，而不能强人所难，更不能给人脸色看，不能让人觉得自己无礼。

3.“视线接触”中的社交形象

“眼是心灵之窗”，眼的奥秘在于它会毫无保留地反映出人的喜、怒、哀、乐，反映人的思维活动。

所以说，从一个人的眼睛中通常能够反映出他的整个内心世界。

我们常常说某位可爱的女孩子的眼睛会说话，这就是她的眼睛富于表情。实际上，内心充实、情感丰富的人的眼睛都是十分动人的。

一个良好的个人形象，其目光是坦然、亲切、和蔼、有神的。特别是在与人交谈时，目光应该注视对方，不应该躲闪或者游移不定。在整个谈话过程中，目光要注意对方，专心、温和、充满热情。

人际交往中诸如疲倦、冰冷、呆滞、漠然、轻蔑、惊慌、敌视、左顾右盼的目光都是应该避免的，更不要对人上下打量，挤眉弄眼。

还有一种眼神叫“凝视”。各种凝视都有不同的作用。在洽谈、磋商、谈判等场合，凝视对方给人一种严肃、认真的感觉。注视的位置在对方双眼或双眼与额头之间的区域。各种社交场合使用的注视方式也是一种凝视，注视的位置在对方唇心到双眼之间的三角区域。亲密凝视是亲人之间、恋人之间、家庭成员之间使用的注视方式。凝视的位置在对方双眼到胸之间。

有一位女记者在对男性做采访时，常有这种体验：对注视她的男性要比不注视她的男性更有好感。而且经过在面试时候的测验，也表明如何选择候选人也与是否注视着主考人有着很大的关系。注视，或是看一个人，在心理学中被称为“视线接触”。这种视线接触越频繁，对方也越会产生好感。我们应该学会被对方注视。把自己和对方换一个位置的话就会明白。如果是讨厌的人，也不会想去看他一眼。

相反，如果是自己喜欢的人，就总会去盯着他看。所以注视着你的人，也对你抱有一定的好感。用温柔的、亲切的目光注视对方的话，对方也会产生“他为什么这样看着我呢?”“有机会的话，和他聊聊看!”之类的想法。如果遇到了你喜欢的人，先从注视他开始。

社交中一双真诚而热情的眼睛能够拉近双方的心理距离。眼睛会说人们内心深处的话，它表明了你对人家的好感。充满善意的眼睛不一定是一双美丽的大眼睛，但只要真诚，同样可以赢得人们的好感，让人难忘。

有人说“眼斜心不正”，其实不准确，应该说“眼邪心不正”。心术不正的人不光是喜欢斜视，而是“邪”视，就是眼神中透出邪恶的光。

孟子说过，看人胸中正与不正，要看他的“眸子”，正直的人眼光是光明坦然的，不正的人眼光是怯懦而灰暗的。曾国藩也说过：一个人目光闪烁不定，这个人定非善类。这些说法都是有一定道理的。

我们如果遇到一个人，眼睛急速地躲开你的目光而闪烁不定，你心里就会很不舒服。我们相信自己的人品，但从仪态上也不要染上这些坏毛病。

眼神不能滥用。自然眼神是语言表达的得力助手。眼睛是一种无声的语言，能表达比言语更深切、更微妙的含义。许多动物不会说话，却会瞪眼，其目的是向对手发出威胁的信号。蝴蝶经过长期进化，翅膀上的斑纹越来越醒目，这种斑纹会使其他动物误认为是猛兽的怒目，从而不敢轻举妄动。

眼神可以显示出人的喜悦或冷漠，每一种眼神都有特定的含义：明亮的眼神表示心情愉快；平静的目光表示温和善良；灵秀的目光表示聪明智慧等等。可见，在交际活动中注意眼神是非常重要的。

我们的眼神应该智慧、诚恳、明亮、平静、友好、坦然、专注、坚定。切忌挑逗、仇恨、轻佻、卑琐、轻蔑、奸诈、愤怒、凶狠、阴沉、游离、茫然的眼神。

眼神是一种在社交中通过视线接触来传递信息的表情语言。人们历来重视眼睛对行为所产生的巨大影响。思想感情的存在和变化都能从眼睛显示出来。从理论上讲，眼神主要由以下三方面组成。

一是视线长度。在我们与人交谈的过程中，注视对方的时间是谈话时间的一半左右。如果超过这个比例，说明我们对对方本人比对方的话更感兴趣；低于这个比例，说明对二者都无所谓。交谈时的其他眼神表现，总的讲要灵活自然。对一般的谈话对象，不要长时间凝视，否则就会让对方有被侵犯的感觉。

二是视线方向。谈话时，我们注视对方的部位可以显示我们与对方关系的亲疏。在生意、谈判、商务等场合，要用眼睛看着对方脸上的三角部位。这个三角就是双眼和前额的中心位置。如果你看着对方的这个部位，就会显得严肃认真，别人也会感到你有诚意。所以，这是把握住谈话主动权和控制权的重要因素。

4. 一个笑容让你的社交形象熠熠生辉

微笑是一种艺术，是一门学问。微笑牵涉到我们的文明素质、生活内容和节奏，也牵涉到民族性格和文化传统。微笑是内心的愉悦自然地流露在脸上，它是伪装不出来的，非伪装不可，也是苦涩的笑，倒不如不进行伪装的好。微笑是有讲究的：

（1）首先要学会微笑

如果你对别人抱着友好的态度，对社会具有好感，自然会笑口常开，久而久之，微笑会自然地变成你自身的一部分。当你遇到别人时，如果心中想："啊！能看到你，真高兴!"把这种心情表现在你脸上，你会显得满面春风。

你每天都应抽出点时间去笑。在家庭中，也特别需要这样的调剂。笑，能使你在社会上人际关系融洽，家庭中天伦之乐融融。当你某一时刻心情恶劣时，设法使自己笑出来，是改变心情最好的办法。

无论你遇到的困难多么大，处境如何痛苦，一旦你笑了，你就可能撑得过去，不会被困难压倒，也不会向处境屈服。

如果你平时不太喜欢笑，又想学会笑，那么可先从搜集和剪贴各种趣事和笑料做起。用剪贴簿搜集资料当然很花费时间，但是只建立一个简单的笑料档案却很容易，把你所喜欢的和别人代你找到的笑话和漫画剪下来就可以了。

另外，再预备一本记事簿，记下日常生活中遇到的可笑事情，你一翻阅就会笑起来。

（2）笑要注意场合

笑在一般交际场合中都是畅通无阻的通行证，但这并不意味着它在任何交际场合中都适用。如果在不该笑的场合笑了，那么，不仅达不到搞好人际关系的效果，而且还会受到别人的冷眼，甚至会引来别人的愤怒，这当然是很糟糕的。因此，我们在使用笑的时候，一定要注意场合。例如，当你参加葬礼或追悼会时，你对悲痛欲绝的死者家属就不能笑脸相迎。

（3）应和大家一起笑

许多人聚在一起时，如果别人的笑和幽默引起大家的共鸣，你绝对不能单独板着脸。大家都笑而你却正襟危坐，无疑会破坏整个气氛。讲笑话的人心中会十分不快，认为你有意和他为难，诚心不笑（其实你只不过认为并不好笑），其他的人也会认为你大煞风景。所以，在这种场合，表现出能欣赏别人的笑和幽默，和大家一起笑，是争取友谊或友好对待的方法。不要瞧不起别人的笑和幽默，不要认为笑和幽默是你的独有物；应该用笑声来表示对别人笑和幽默的赞赏，这样也会使你收到友谊的回报。

（4）不要取笑他人

在运用笑和幽默时，不要把别人作为取笑的对象。特别是不要取笑他人生理上的缺陷，如斜眼、麻面、跛足、驼背等等。对别人的不幸，你应该给予同情才是。如果在许多人交谈中，有一位是生理上有缺陷的，那么在说话时，最要避免易使人联想到缺陷方面去的笑话。也不要取笑他人的过错和失误。例如，不要取笑你的同学考试不及格，不要取笑你的同伴在走路时跌了跤等等。也不要取笑他人出身贫寒、职业卑微、家属中有不法分子等，免得使人感到窘迫。在某种特殊的交际氛围中，不如将自己作为取笑的对象，文雅地嘲笑自己，以此使整个场面松弛、欢快。

（5）应考虑对象

笑和幽默是孪生姐妹，但在运用时应注意对象。也就是说，要看对方的职业、职务、性别、年龄和社会地位，要是不考虑这些，乱来一气是会把问题弄糟的。

此外，还应考虑对方的文化层次以及地域、国情、国别，还要记住对方的宗教禁忌。

当对方的地位高或职务重要时，你不能无端地用笑和幽默，而应先提出对方感兴趣的话题，然后在谈话中有分寸地表现你的笑和幽默。

在运用笑和幽默时，要考虑对方的性格特点，否则，你想搞好人际关系的希望就会落空，甚至带来麻烦。

对人微笑，对人运用笑和幽默，是想搞好人际关系，共同快乐地享受人生，并不是为了取笑嘲弄别人，更不是为了和别人比高低。否则，笑往往就会变成仇恨的种子。

我们应以微笑诚恳待人，搞好人际关系，以使工作和生活更快乐。但我们首先必须懂得什么叫快乐？怎样才能使别人也使自己快乐？要是损人利已，取笑他人的过失，嘲弄他人的缺陷，这种笑是有百害而无一利的。我们不是为了微笑而微笑，微笑仅是为了表示我们与人为善，助人为乐，正确对待人生，正确对待社会的态度。

5. 常敲门不一定会敲门

访朋友，串亲戚，见领导，办公务……大约见面前的第一个举动便是敲门了。说到敲门似乎没有什么神秘的，只要举手去敲就是了，还能有什么大的学问？其实不然。会不会敲门，对交际的成败有时具有至关重要的作用。

敲门之所以重要，是因为它本身是在表达一种语言，一种信息。其作用既是发通知，让屋里人知道有人来了；又是一种请求，允许自己进去。这样，人未进，但声音已至。而且，这个声音作为一种信息，带有敲门者的特定的个性特色。不同的敲门声，会把敲门者的性格、作风，一同传递进去，主人据此决定对于敲门者的态度。这就是为什么同是敲门却有不同结果的原因所在。

具体说来，敲门时要注意以下几点：

（1）进门先敲门

进门前先敲门，这是最起码的礼貌和交际的常识。在敲门之前，应先观察，凡是有门铃的，就要按门铃，不要敲门，不然，主人会不高兴。如果是要进领导或他人的办公室，必须先敲门，得到允许后才可以进入。不要不敲门就推门而入，那是不礼貌的行为，是不受欢迎的。特别是陌生人更应注意，如果不敲门私自进入，八成会被当成不速之客。

（2）敲门用力要适度

敲门要用手指的关节，以适当的力量敲，声音适度，清晰响亮。敲门不要用巴掌拍，也不要用拳头擂，这样的动作发出的声音震撼力过大，是噪音，会使人产生恐惧感，使人心惊肉跳，十分反感。更不要用脚踹门，不但声音大，而且是对主人的蔑视，是极不礼貌的行为，最令人恼火。

（3）敲门应把握节奏

敲门一次敲三四下为宜。敲完第一次后，应稍作间歇再敲，不要连续敲个没完。因为，主人听到第一声从屋里出来开门是有距离的，没有急事，不要用力连续敲门。连续敲门，容易造成一种急促感，使人听了过分紧张。

（4）敲门要因人因事而异

一般说来，人们对于文明的敲门方式比较欢迎。有时候家里有事，不喜欢他人打扰，对于敲门者他们会有选择地开门。会根据敲门的声音和节奏，决定开不开。如果是有节奏地轻轻敲，屋内的主人是不会拒绝一个很有礼貌的讲文明的人来访的，即使他们有事，也会放下来，马上开门。此外，还要根据具体情况决定敲门的力度和方式，也就是要敲出个性来。敲门能反映一个人的性格、修养，也能反映出彼此的关系。关系密切常来常往的，只要听到敲门声就知道是谁来了。如果你知道主人有事正在思索问题，一般人去是不开门的。但你有事又必须打扰，这时就应用只有你才用的方式敲门，定能达到目的。

（5）敲门不开适可而止

如果敲门几次还没有人开门，就可能有两种情况：一是屋里没人，二是有人不愿开。这时就不要再敲了，即使敲开了人家也没有好脸色，还是知趣地走人为好。当然有急事除外。

总之，敲门也讲究艺术。当你举手要敲门的时候，最好想一想选择哪种最适合的方式，那时在大门洞开处，露出的才是一张微笑的、表示欢迎的脸。

6. 别让小动作毁了自己的形象

每天我们都会出现在不同的场合，作为社交中的一分子，我们要做的就是让自己的动作与场合和身份相称。但是，偶尔一疏忽就会露出马脚，这个时候你不妨检查一下自己有什么不妥当。

我们来看看你的动作，你是否当众打呵欠？在大庭广众中，你能忍住不打呵欠吗？在社交场合打呵欠给人的印象是，表现出你不耐烦了，而不是你疲倦了。

有些手痒的人，只要他看见什么可以用，就会随手取一支来掏耳朵，尤其是在餐室，大家正在饮茶、吃东西的当儿，掏耳朵的小动作，往往令旁观者感到恶心，这个小动作实在不雅，而且失礼。

宴会席上，谁也免不了会有剔牙的小动作，既然这小动作不能避免，也得注意剔牙的时候不要露出牙齿，也不要把碎屑乱吐一番，否则是失礼的表现。假如你需要剔牙，最好用左手掩住嘴，头略向侧偏，吐出碎屑时用手巾接住。

有些头皮屑多的人，在应酬的场合也忍耐不住皮屑刺激的搔痒，而挠起头皮来。挠头皮必然使头皮屑随处飞扬，这不仅难看，而且令旁人大感不快。

有时候，由于不拘小节的习性，破坏了自己的形象，因此必须注意。

(1) 手

最易出毛病的地方是手。用手掩住鼻子；不停地抚弄头发；使手关节发出声音；玩弄接过手的名片。无论如何，两只手总是忙个不停，很不安稳的样子。本来想使对方称心如意的，谁知道却因为这样而惹人厌烦。

（2）脚

神经质地不住摇动，往前伸起脚，紧张时提起后脚跟等等动作，不仅制造紧张气氛，而且也相当不礼貌。如果在讨论重要提案时伸出脚，准会被人责骂。

如果是参加会议更不要当众抖腿。这种小动作多发生在坐着的时候，站立时较为少见。这种小动作，虽然无伤大雅，但由于双腿颤动不停，令对方视线觉得不舒服，而且也给人有情绪不安定的感觉，这是失礼的。同样，让跷起的腿钟摆似的荡秋千也是相当难看的姿态。

（3）背

老年人驼背是正常的事，如果二三十岁的年轻人也驼背的话，可就不太好了。我们主张挺直腰杆和人交谈。

（4）表情

毫无表情，或者死板的、不悦的、冷漠的、生气的表情，会给对方留下坏印象。应该赶快改正，不让自己脸上有这种表情。为使自己说话生动，吸引对方，最好能有生动的表情。

（5）动作

手足无措、动作慌张，表示缺乏自信心。动作迟钝、不知所措，会使人觉得没品位，而且让人觉得他难以接近。昂首阔步、动作敏捷、有生气的交谈会使气氛变得活跃。所以，千万别忘记，人是依态度而被评价、依态度而改变气氛的。

第二章

迎来送往当中建立和谐的社交关系

迎来送往是社交当中不可避免的，因为常见，所以有的人不是很重视，当然也就容易出问题。其实人与人之间的交往正是在繁琐的你来我往当中越走越近；注意迎来送往的细节，有助于为自己营造一个和谐的社交环境。

1. 记住别人的名字

如果留意的话不难发现，在交际活动中，绝大多数人是十分看重自己名字的，他们往往把名字与友谊联系在一起。比如，多年不见的同学、同乡相会时，如果对方仍记着你的尊姓大名，你心里必定非常高兴，彼此间的友谊感情也会因此而亲近几分。相反，如果对方把你的名字忘得一干二净，或出现“张冠李戴”的情形，你心里势必感到不舒服，在心理上就可能与之拉开距离。

姓名本来只是一个语言符号，人们所以看重它，是因为它包含有特殊的意义。姓名与本人的尊严、地位、荣誉、心理，及其彼此间的感情友谊紧密联系在一起。甚至可以说，名字就是你，你就是那个名字。这一点在交际中表现得尤为明显。当人们的名字被遗忘、被搞混，不管有意无意都可能带来不良的影响，轻者叫人家心理上反感，拉开彼此距离，重者会影响彼此感情，损害人际关系。

因此，为了友谊，为了交际成功，我们应记住他人的姓名职务，见面时能道出其名其职。这样做，一方面出于礼节礼貌，表示尊重；另一方面又是珍视友谊的表现。从一定意义上说，记姓名是一种廉价然而有效的感情投资。记住他人的姓名就等于把一份友谊深藏在心里，记忆时间越久，情谊就越深，如同一瓶陈年好酒，越放就越醇。在交际中记住对方的姓名，对方必定从中体验到你的深情厚谊，感受到他在你心目中的位置，进而增加亲切感、认同感，加深彼此的感情。那么怎样才能牢牢记住别人的名字呢？这里有三条建议大家不妨试一下：

（1）要用心记他人的名字

有的人博闻强记，过目不忘，见一次就可以记住。这自然最好。但是，大多数人没有这样的能力。所以，用心记名字就成了必要。我们应善于交际，看重友谊。一般情况下，珍视友谊的人在记名字上就会表现出特别强的注意力。据考察，在一般记忆力基础上，注意力越集中，重视程度越高，就会记得越牢。甚至记忆力较差的人由于重视友谊，对于同他打过交道的人的姓名会特别用心去记，同样能记得十分清晰，多年不忘。

（2）经常翻翻他人的名片

对于记忆力不太好的人来说，不但要用心去记而且还应动笔记。俗话说“好记性不如烂笔头”。不管老朋友还是新朋友，在打过交道之后都应把姓名记在小本上，或者保存好对方的名片。有时间就要翻一翻，借此回忆往事，加深印象，这样就可以获得名字与友谊长久记忆的效果。

（3）忘了名字要想法补救

如果在路上遇到朋友，突然忘了人家的名字，那就应想办法搞清楚，记在心里。有一次，张强与一位多年不见的战友见面了，一时竟想不起他的姓名。分手时，张强主动拿出纸来把自己的名字、电话、通信地址写下来，然后把笔交给他，说："来，让我们相互留下自己的名片，今后多多联系。"对方也记下了他的名字、住址、电话。此后，对方名字就镌刻在他的头脑中，再不曾忘记。

2. 注意与人握手的礼节

握手，既是一种礼仪方式，又可称之为人类相同的"次语言"。深情、文雅而得体的握手，往往蕴含着令人愉悦、信任、接受的契机。两人见面，若是熟人，不用言语，两手紧紧一握，各自的许多亲热情感就互相传导过去了；若是生人，则一握之际，就是由生变熟的开端。因此，它已成为世界上通行的见面礼节。

握手，多数用于见面致意和问候，也是对久别重逢或多日未见的友人相见或辞别的礼节。

握手，有时又具有"和解"的象征意义。据说握手是西方中世纪骑士相互格斗，势均力敌，作为和解的表示，把平时持剑的右手伸向对方，证明手中没有武器，相互握手言和，发展到后来，便演变为国与国之间言和的象征。

握手除了作为见面、告辞、和解时的礼节外，还是一种祝贺、感谢或相互鼓励的表示。如对方取得某些成绩与进步时，赠送礼品以及发放奖品、奖状，发表祝词讲话后，均可以握手来表示祝贺、感谢、鼓励等。

（1）与女性握手应注意的礼仪

与女性握手，应等对方首先伸出手，男方只要轻轻的一握就可。如果对方不愿握手，也可微微欠身问好，或用点头、说客气话等代替握手。一个男子如主动伸手去和女子握手，则是不太适宜的。

在握手之前，男方必须先脱下手套，而女子握手，则不必脱手套，也不必站起。客人多时，握手不要与他人交叉，让别人握完后再握。按国际惯例，身穿军装的军人可以戴着手套与妇女握手，握手时先行举手礼，然后再握手，这是一种惯例。握手时，应微笑致意，不可目光看别处，或与第三者谈话。握手后，不要当对方的面擦手。

与女性握手，最应掌握的是时间和力度。一般来说，握手要轻一些，要短一些，不应握着对方的手用劲摇晃。但是，如果用力过小，也会使对方感到你拘谨或虚伪敷衍。因此，握手必须因时间、地点和对象而不同对待。

（2）与老人、长辈或贵宾握手的礼仪

与老人、长辈或贵宾握手，不仅是为了问候和致意，还是一种尊敬的表示。除双方注视，面带微笑外，还应注意以下几点：

①在一般情况下，平辈、朋友或熟人先伸手为有礼，而对老人、长辈或贵宾时则应等对方先伸手，自己才可伸手去接握。否则，便会看做是不礼貌的表现。

②握手时，不能昂首挺胸，身体可稍微前倾，以示尊重，但也不能因对方是贵宾就显得胆小拘谨，只把手指轻轻接碰对方的手掌就算握手，也不能因感到“荣幸”而久握对方的手不放。

③当老人或贵宾向你伸手时，应快步上前，用双手握住对方的手，这也是尊敬对方的表示。并应根据场合，边握手边打招呼问候，如说：“您好”、“欢迎您”、“见到您很荣幸”等热情致意的话。

④遇到若干人在一起时，握手、致意的顺序是：先贵宾、老人，后同事、晚辈，先女后男。还必须注意，不要几个人竞相交叉握手，或在跨门坎甚至隔着门坎时握手，这些做法也是失礼的行为。

⑤在社交中，除注意个人仪容整洁大方外，还应注意双手的卫生，以不干净或者湿的手与人握手，是不礼貌的。如果老人、贵宾来到你面

前，并主动伸出手来，而你此时正在洗东西、擦油污之物等，你可先点头致意，同时亮出双手，简单说明一下情况并表示歉意，以取得对方的谅解，同时赶紧洗好手，热情予以招待。

⑥在外交场合，遇见身份高的领导人，应有礼貌地点头致意或表示欢迎，但不要主动上前握手问候，只有在对方主动伸手时，才可向前握手问候。

（2）上级与下级之间的握手礼仪

在上级与下级握手时，除应遵守一般握手的礼节外，还应注意以下几个方面：

①上级为了表示对下级的友好、问候，可先伸出手，下级则应等对方有所表示后再伸手去接握，否则，将被视作不得体或无礼。

②当遇到几位都是你的上级时，握手时应尽可能按其职位高低的顺序，但也可由他们中的一位进行介绍后，由你与对方一一握手致意。如同来的上级职位相当，握手的顺序应是先长者（或女性），然后再是其他人。如果长者中有自己比较熟悉者，握手时应同时说些如“近来身体可好”之类表示问候的话。

③上级与下级握手，一般也应以其职位高低为序，遇有自己熟悉的下级，握手的同时也应说些问候、鼓励和关心的话。

④不论与上级还是下级握手，都应做到热情大方，遵守交往礼节。

下级与上级握手时，身体可以微欠，或快步趋前用双手握住对方的手，以示尊敬，但切不可久握不放，表示过分的热情。

上级与下级握手同样要热情诚恳，应面带笑容，注视对方的眼睛，切忌用指尖相握，或敷衍一握了事。也不可在握手时，东张西望或漫不经心，使对方感到你冷漠无情。在众多的下级面前，也不要厚此薄彼，只与其中一两个人握手，而冷落其他人；更不能在与下级握手后，急忙用手帕擦手。这些表现，都会被人认为是轻慢无礼的行为。

3. 第一次见面要会做介绍

第一次见面做介绍是社交场合的礼节之一，分自我介绍、由别人介绍自己、听对方介绍他自己、听别人介绍对方和向对方介绍别人5种。

（1）自我介绍

如，“您好！我是王刚，长江机械厂的业务员”，由招呼话和介绍话组成。介绍话一般包括自己的姓名、单位职务及事由。其要领是语调要热情友好，充满自信，眼睛要注视对方，含笑致意。

（2）由别人介绍自己

由姿态和言语两部分组成。当介绍人在介绍时，自己不能心不在焉、东张西望，而应当含笑注视对方，随着介绍人的介绍而向对方点头致意。当介绍人介绍完后，再与对方握手，并说上一些恰当的话语，如：“见到您很高兴。”

（3）听取对方的自我介绍

这时自己虽不是交往主动者，但也应表现出热情的姿态，全神贯注地看着对方，而不能一边用耳听，一边低头批阅文件。在对方介绍完后，应热情欢迎，如伸出手去握住对方的手，用惊喜的语调说：“哦，你就是王先生，欢迎欢迎！请坐！”

（4）由别人介绍对方给自己

这时，自己要侧过耳朵去听介绍人的介绍，并用点头或一些感叹词来呼应他的介绍，但应注意，无论对方还是被介绍人，目光都要一直注视着对方，而不能只看着介绍人，把后脑勺对着被介绍人。待介绍人介绍完毕后，应热情和对方握手，并亲切交谈。

（5）自己把某人介绍给另外一个人

这种情况下，交往双方原来没有交谈过，但都分别与自己相识。所以，自己的任务就是介绍他们双方互相认识。这种介绍通常由说明语和介绍语组成。如："两位，请允许我来介绍一下，这位是小李，华为公司的代表；这位是王先生，中兴公司的代表。"

假如您现在是一个宴会的主人，请来了许多客人，老朋友们自然不用您介绍，他们会主动凑到一块谈得热火朝天。关键是单独无伴的客人，您应注意不能冷落他们，要尽快让他们也找到适当的伙伴，这就需要您介绍了。

在这种情况下，最好是采用"合并同类项"的介绍法，也就是说，分别给他们选择一个适宜于他们兴趣的伙伴。如果把两个都从事于同一行业的人拉在一起，是最好不过的，因为爱好相投，职业相同，自然容易找到共同的话题。也可以把专业、兴趣相近的人介绍在一起，如把诗人介绍给音乐家，把新闻记者介绍给作家，把医生介绍给运动员等，总而言之，让他们有话可谈。

介绍时，请记住下面三条简单的礼节原则。

①把男士介绍给女士。即在介绍过程中，先提女士的姓名。例如："李小姐，让我来给您介绍王先生。"

②把年青人介绍给年长者，以示尊敬长者之意。如"王教授，请让我给您介绍黄小姐。"

③把次要人物介绍给主要人物。一般说来，当某人在社会上知名度较大时，别人自当愿意被介绍给他。

总之，应该记住这一点，介绍时先提某人姓名是一种敬意，这是放之四海而皆准的法则。

介绍时一般用询问口气为好。如，"张先生，我可以介绍李明同您认识吗?""张先生，请允许我向您介绍李明先生。"但这种介绍法比较严肃，在非正式场合下，可以采取自然、轻松的介绍法，如"我来介绍一下，张伟明先生，书法家……""诸位，我非常高兴地向大家介绍一位新朋友，他叫李永明。"还有一种更随便、亲切的介绍法，如"晴云，这是美兰”；“美兰，这是晴云。”“海平，我表弟——李明。”

如果是介绍两位素不相识的人相见，除了介绍他们的姓名之外，还可简单地提一下被介绍人的特点，如：“小青，这位是吴国良先生，您不是想了解一下深圳的情况吗？吴先生是地道的深圳通，你们好好聊聊吧。”作为被介绍者，应该主动点头或握手致意：“很高兴能认识您。”“见到您真高兴。”

未经别人介绍，我们也可能自我介绍一番，但有几个问题必须注意。

①避免直话相问。如“您叫什么名字?”这样显得很鲁莽，而要尽量委婉一些：“请问尊姓大名?”或“请问贵姓”或“不知该怎样称呼您”“您是”等。

②不要涉及对方的敏感区。如“您多大了?”“您结婚了吗?”“您有几个孩子啦?”

③如果未听清对方的姓名。可以说：“对不起，我没有听清尊姓大名。”这时，被询问者应把姓名重复一遍。

4. 敬烟奉茶要礼节到位

先说敬烟的礼节。在允许吸烟的场合，吸烟、敬烟也有一些礼貌的规则，只是认定“礼多人不怪”。敬烟如果一定要敬到使人头晕脑胀才罢，那是不礼貌的。

如今，在办公场所吸烟几乎都被看成是一种违反社会公德的行为，因此，只有在主人明确地邀请你抽烟时方可点烟。如果你主动地问“我抽烟你介意吗”，对方一般出于礼貌，只能回答“当然不介意”，但是烟一点着即大错铸成。你的行为已被看成没有教养。即使主人是个烟民，出于礼貌还是不要在有不抽烟的人在场时抽烟。

吸烟时一定要注意防止火灾的发生，不要把火柴梗和烟蒂随地一丢或不熄灭就丢在垃圾桶里。

一般认为，在以下场合禁止吸烟：

第一，很多人拥挤在狭小房间内；

第二，制作或整理资料文件时；

第三，接待室里没有烟灰缸时；

第四，在走廊或楼梯上行走时；

第五，坐在饭桌旁或在对方还未吃完饭时；

第六，在飞机、汽车等交通工具内。

主人在敬烟前，应询问客人是否会吸烟，如有女士在座，还应征得她的同意。如果来宾较多或同座身份高的人士都不吸烟时，则主人也最好不吸烟。在正式的会见、会谈或隆重庄严的仪式上，不允许给其他人敬烟，自己也不得吸烟。对宗教人士和信奉基督教、伊斯兰教的客人不要敬烟。

如果客人是初次来访或在商务洽谈等场合，需要敬烟时，不要直接用手取烟给客人，这样手持烟来回推让，可能使病毒、细菌传播给对方，这是很不卫生的。只要将原包打开口，把烟弹出少许，按照先客人后主人的礼遇顺序递过去，待客人取出后，主人再取出打火机或火柴，替客人点好烟。尔后自己再取出一根来吸。正在吸烟时，如果与人打招呼或说话，应将烟取下，否则将被视为不尊重对方。

如果自己正在戒烟或者不喜欢抽烟，那么即使是客人或上司敬的烟也可以谢绝。但在婚礼上，新郎或新娘敬的烟不能不接，即使自己不吸烟也要吸上几口，待人家应酬他人时再熄掉。对方一进门，主人就立刻拿烟来吸是很不礼貌的行为，至少等双方寒暄完毕，切入正题之后再拿出烟来吸。

当客人或上司取出香烟准备吸的时候，主动帮助点烟是表示敬意的做法，但是反复地去主动帮助点烟，反倒让人生厌。因此，在商务活动中，除非对方在口袋里反复寻找火柴或打火机，一般没有必要主动为他人点烟。

吸烟时，不要吸了一半就扔掉，也不要吸到烧手或过滤嘴边，才去熄灭。烟蒂应放进烟灰缸内熄灭，以免冒出难闻的烟味。

有的人吸烟时喜欢仰面朝天吐出一个又一个烟圈，这个技艺是不值得炫耀的。对着别人的面孔吞云吐雾，即使对方也是抽烟的人，这样做也是非常失礼的。

向他人敬烟之后，应主动掏出打火机或火柴为对方点烟。但要记住一次不要点两支以上的烟，点过两支烟后要重新打火再为其他人点烟。有人为了表示热情好客，一次打火要点许多支烟，甚至为此不惜烧痛了自己的手指。这样做其实是吃苦不讨好的。

在英国，有“一火不点三支烟”之说，即一个人拿出打火机或火柴为大家点烟，绝不能连续点三支；而要在点过两支烟后停下来，换一根火柴或熄灭打火机后再打着，然后给第三人点烟。否则，据说会给三人中的某人招来不幸。

据说是因为在第一次世界大战期间，有三个士兵夜间在战壕里吸烟，其中一人划着火柴给另两人和自己点了烟。由于火柴的发光时间较长，正好成了敌人从容瞄准的目标。结果一个士兵被打死了。此后“一火点三支烟”演变成忌讳之举。

再说奉茶的礼节。有客来访，待之以茶，以茶会友，情谊长久。这是我国传统的待客方式。此事虽小，却不得马虎大意。

在招待客人时，对茶具和茶叶的选择应有所讲究。从卫生健康角度考虑，泡茶要用壶，茶杯要用有柄的，不要用无柄的茶杯。目的是避免手与杯体、杯口接触，传播疾病。

茶具一般选择陶质或瓷质器皿。陶质器皿以江苏宜兴的紫砂茶具为最佳。不要用玻璃杯，也不要用热水瓶代替茶壶。如用高杯（盖杯）时，则可以不用茶壶。

茶叶的选择：外国人一般饮红茶，并在茶中添加糖、牛奶或奶油等；我国由于幅员辽阔、气候各异，各地饮茶习惯也不尽相同。广东、福建、广西、云南一带习惯饮红茶，近几年受港澳台的影响，饮乌龙茶的人也多了起来。江南一带饮绿茶的比较普遍。北方（习指淮河以北）人一般习惯饮花茶。西藏、内蒙古、新疆地区的少数民族，则大多习惯饮浓郁的紧压茶。就年龄来讲，一般地说，青年人多喜欢饮淡茶、绿茶。老年人多喜欢饮浓茶、红茶。

喝茶时对茶的评价标准主要是其色、香、味。色，即水色，以液艳色秀，水底明净为上；味，即滋味，以味醇甘鲜，苦而不涩为妙；香，即香气，以甘香清郁为佳。

沏茶之前，要先洗手，并洗净茶杯或茶碗。最好当面洁具，这样可以使客人喝起来放心。还要特别注意检查茶杯或茶碗有无破损或裂纹，若有是不能用来待客的。

奉茶的时机，通常是在客人就座后，开始洽谈工作之前。如果宾主已经开始洽谈工作，这时才端茶上来，免不了要打断谈话或为了放茶而移动桌上的文件，这是失礼的。值得注意的是，喝茶要趁热，凉茶伤胃，茶浸泡过久会泛碱味，不好喝，故一般应在客人坐好后再沏茶。

上茶时一般由主人向客人献茶，或由接待人员给客人上茶。上茶时最好用托盘，手不可触碗面。奉茶时，按先主宾后主人，先女宾后男宾，先主要客人后其他客人的礼遇顺序进行。不要从正面端来，因为这样既妨碍宾主思考，又遮挡视线。得体的做法，应从每人的右后侧递送。

陪伴客人品茶要随时注意客人杯中茶水存量，随时续水。每杯里茶水不宜斟得过满，以免溢出洒在桌子上或客人的衣服上。一般每杯里应斟七分满即可，应遵循“满杯酒半杯茶”之古训。如用茶壶泡茶，则应随时观察添满开水，但注意壶嘴不要冲客人方向。

不论客人还是主人，饮茶要边饮边谈，轻啜慢咽。不宜一次将茶水饮干，不应大口吞咽茶水，喝得咕咚作响。应当慢慢地一小口一小口地仔细品尝。如遇漂浮在水面上的茶叶，可用茶杯盖拂去，或轻轻吹开，切不可从杯里捞出来扔在地上，更不要吃茶叶。

我国旧时有以再三请茶作为提醒客人，应当告辞了的做法，因此在招待老年人或海外华人时要注意，不要一而再，再而三地劝其饮茶。

5. 交换名片学问大

自从有人发明了名片之后，在交际场合使用名片成了最为平常的事情。名片被看作是个人的广告，而使用名片则是“推销”自己。名片不仅要很好地珍藏，而且要懂得怎样去使用它效果最好而且又不失礼。

(1) 名片是你身份的介绍

你的名片对他人重要不重要，首先是你的地位决定的。你有多高的职位，拥有什么权力，具有什么技能，学有什么专长，都是你对别人有多大“使用价值”的基础。所以人人都很看重这些，名片上自然需要印得清清楚楚才好。

就从商务角度来说，名片宁可印得“实”些，不要太“虚”。有的人印名片，喜欢印上一大堆头衔，很多都是虚的，并不一定能得到别人的尊重，倒不如突出重点，把最实在的信息传达给对方。

名片并不是不要“虚”的，而是怎样选择，名片列上与自己生意和专业有关的名头，有时也会在交际中找到一些共同语言。做图书生意的，当然有“作家协会会员”的头衔更好；搞电脑的不妨参加当地的电脑学会。但是千万不能以此来抬高自己的身份，而只是便于多找一些共同话题来交谈，在交际中形成有趣味的对话。

(2) 交换名片的顺序

交换名片的顺序一般是：先客后主，先低后高。即地位低的先把名片交给地位高的。年轻的先把名片交给年老的，客人先把名片交给主人。不过，假如是对方先拿出来，自己也不必谦让，应该大方收下，然后再拿出自己的名片来回报。当与多人交换名片时，应依照职位高低的顺序，或是由远及近，依次进行，切勿跳跃式地进行，以免对方产生厚此而薄彼之误会。

(3) 交换名片的礼仪

与国人打交道递接名片通常是在自我介绍或经人介绍后进行。美国人此时一般不送名片给对方，只是在双方想保持联系时才送。接受他人名片时，应毕恭毕敬，马上说一声“谢谢”。如果可能的话，一定要用半分钟左右的时间从头至尾认真默读一遍对方的名片上所载内容，不懂之处可以当即向对方请教，若把握不准的名字也不去请教，要是真的读错或叫错了，那就失礼了。还可以有意识地读出声音来再重复一下对方名片上所列的职务或单位，以示仰慕。

接受别人名片之后，理应随即将自己的名片递过去，如果这时到处寻找或错把别人的名片送给对方则是严重失礼的。

在递送自己的名片时，用双手或右手捏住名片的两个或一个角递上，千万不要用食指和中指夹着名片给人。名片上的字体正面朝向对方，目的是让对方能够直接读出来。这时应和对方说：“请多关照”、“请多多指教”，或“希望今后能够保持联系”等等，以示客气。

与国人打交道，递接名片应用双手。与外国人打交道一般只用右手就可以了。因为在印度和中东的一些国家，左手被认为是不洁的，只用以洗澡或上洗手间。与这些国家的朋友交往，切记不要用左手接触对方，也不要用左手为之传递物品。

倘若自己暂时没有名片进行交换时，不宜说：“我们单位小，都没印名片“或“我没有职务”或“印不起名片”等等；这样说有损自己公司形象，同时也贬低了自己，所以不可取。合乎商务活动惯例的说法：“很抱歉，我的名片刚刚用完”或“对不起，我没带名片”，不愿与之交换名片时也可用上述说法，这实际上是“善意欺骗”。这是维护自己形象和自我保护的重要做法。

（4）名片的忌讳

①忌胡乱散发

要有的放矢地使用名片，切忌乱散发，即传单式地发放，其实喜欢散发自己名片的人，会给人一种极不爱惜自己名片的感觉。

②忌逢人便要

不能像在收集名片似的，逢人便要。其实过分地热衷于名片的交换，反而有失礼仪，使人敬而远之，甚至遭人鄙视。索取他人名片的正确做法是欲取之必先予之，即把自己的名片先递给对方，以此来求得对方的呼应。或暗示自己的意愿，如对长辈、地位高的可以说："今后怎样向您请教?"对平辈、晚辈和与自己地位相仿的可以说："如何与您保持联系?"等等。

③忌收藏不当

名片最好放在专门收藏名片的皮夹、名片盒或名片夹里存放。把名片放在钱包和月票夹内的做法都是应当避免的。因为自己在递出名片时还要把它们拿出来亮相一番，这是很不雅观而又失礼的，把别人的名片乱塞乱掖同样失敬。

名片和收放名片的夹子，应避免放在臀部后面的口袋内，名片是个人身份的代表，对它应像对待其主人一样尊重和爱惜。

④忌玩要名片

在交谈时不要拿着对方的名片玩要，亦不要当着对方的面做谈话记录。

6. 致意时要显示出对对方的尊重

致意是一种社交中最为常用的礼节，它表示问候、尊敬之意。通常用于相识的人或只有一面之交的人之间在各种场合打招呼。致意时应该诚心诚意，表情和蔼可亲。若毫无表情或精神萎靡不振，会给人以敷衍了事的感觉。

致意大致有以下几种形式：

(1) 微笑致意

适于与相识者或只有一面之交者在同一地点，彼此距离较近但不适宜交谈或无法交谈的场合。

(2) 起立致意

在较正式场合里，有长者、尊者到来或离去时，在场者应起立表示致意。如长者、尊者来访，在场者应起立表示欢迎，待来访者落坐后，自己才可坐下；如长者、尊者离去，待他们离开后才可落坐。

(3) 举手致意

适于向距离较远的熟人打招呼，一般不必出声，只将右臂伸直。掌心朝向对方，轻轻摆一两下手即可，不要反复摇动。

(4) 点头致意

适于不宜交谈的场合。如会议、会谈在进行中。与相识者在同一地点多次见面或仅有一面之交者，在应酬场合相逢时，都可以点头为礼。

(5) 欠身致意

欠身致意表示对他人的恭敬，这种致意方式适用的范围较广。致意的方法是身体上部微微向前一躬，幅度不宜太大。

(6) 脱帽致意

朋友、熟人见面若戴的是无檐儿帽，就不必脱帽，只需欠身致意即可，但注意不可以双手插兜。若戴着有檐儿的帽子则可脱帽致意最为适宜。若是熟人、朋友迎面而过，也可以轻掀一下帽子致意即可。脱帽时，请别忘了问声好。

一般情况下，不论在何种场合，致意的顺序应该遵循男士应先向女士致意；年轻者先向长者致意；学生先向老师致意；下级先向上级致意。

女士不论在何种场合，不论年龄大小，不论是否戴帽，一般只需点头致意或微笑致意。惟有遇到上级、长辈、老师、特别钦佩的人及见到一群朋友的时候，女士才需率先向他们致意。

致意的方法，往往同时使用两种，如点头与微笑并用，欠身与脱帽并用。

致意时要注意文雅，一般不要在致意的同时，向对方高声叫喊，以免妨碍他人。

如遇对方先向自己致意，应以同样的方式向对方致意，视而不见、毫无反应是失礼的。

遇到身份较高者，一般不应立即起身去向对方致意，而应在对方的应酬告一段落之后，再上前致意。

致意的动作不可敷衍或满不在乎，必须认认真真的，以充分显示对对方的尊重。

第三章
三言两语之后拉近彼此的社交距离

社交场合的语言表达方式对于塑造良好的社交形象十分关键，把该说的话说到位能给人留下良好的印象；在日常交往中，会说话也是社交能力的重要体现，可以迅速拉近彼此之间的距离，让社交成为一件愉快的事情。

1. 日常打招呼的话不能省

如今，人们见了面无论何时何地，第一句问话就是“吃了吗”的现象，至今在城市里是越来越少了。第一个指出其不合理之处的，大概是语言大师侯宝林。他在相声里曾举一个欲进厕所的人问刚出厕所的人“吃了吗”的例子为笑料，说明千篇一律地以“吃了吗”为招呼语的可笑。汉语的丰富性是世人皆知的，为什么过去长期以来人们只以“吃”为话题打招呼，确实令人费解。当年老舍先生也注意到了这个现象，他的解释好像是说，广大下层民众生活贫困，每日里忙忙碌碌不过为混饱肚子而已，于是“吃”成了天下第一要义，所以见了面第一句话就是“吃”。如果这种解释有道理的话，那么已经温饱了为什么还总是一见面就“吃了吗”？

原来，招呼语是一种独特的语言表达方式，它的意义只在于说话本身而不在乎说的是什么话。美国人的“嗨——”最能说明这个问题，它只一个声音而没有含义。所以我国传统的招呼语除了吃的话题外，常用的还有天气如何、工作忙否、身体状况之类。比如甲乙见了面，甲：“今儿天气不错！”乙：“可不是，天气挺好！”然后各奔东西；或者甲：“最近忙吧？”乙：“还可以，凑合吧！”或者甲：“近来身体可好？”乙：“还行，没病没灾的。”

总之，人们在这里决不是谈吃饭、谈天气、谈工作、谈身体，只要是说了话，便已达到目的。什么目的呢？礼节的目的，表明承认对方的存在。当然不一定都是用语言打招呼，一个眼神、一个手势，或者点一下头、微笑一下，都可以达到这个目的。现在的问题是我们既然知道了这个礼节的必要性，就要设法把它运用得更好些，以利于我们的人际交往。

2. 不要忘了说“谢谢”

在人际交往中，当他人为你服务或对你有所帮助时，别忘了真诚地道一声“谢谢”。这样做的好处是：

（1）可以为交际活动创造和谐气氛

当你说“谢谢”的时候，表明你对他人给予的帮助或服务是满意的，对方听了会感到很高兴。有时候，他人为你服务，也许是他们分内的事情，你不说“谢谢”，他们决不会责怪你。但是，面对他人的服务而无动于衷，这表明彼此之间存在一条无形的界线，充其量也不过是一种职业化了的服务与被服务的关系，缺少人与人之间感情的沟通。可是，假如你对这种理所应当的服务表示一下谢意，那么彼此的关系就会因此而发生变化，彼此之间的心理距离缩短了，感情就有了呼应和共鸣。对方在兴奋欢悦之余会给予更多的关照，更好的回报，这样交际的气氛就会变得更加和谐热烈。交际心理学认为，人际之间存在“互酬互动效应”，即你如何对待别人，别人也会以同样的方式给以回报。道一声“谢谢”，看似平常，可它却能引起人际间的良性互动，成为交际成功的促进剂。

（2）有利于塑造自身良好的交际形象

人与人之间在人格上是平等的。他人为你服务，只是职业不同，地位有别罢了。但是，当你接受人家的服务时，及时说声“谢谢”，其意义远不止是对对方服务的肯定，这其中又包含了自己对其人格的尊重。虽仅此一语，但足以引起对方因其社会价值得到承认而产生的满足和感激之情，自然你在他心目中就会留下美好的印象。他会把你看成是一个有教养、礼貌、细心的人，当然也是一个受欢迎的值得尊敬的人。这在无形之中，你就赢得了人心，比起那些对于他人的服务不屑一顾、不予理睬的人更显得有光彩。尤其是在与陌生人交往的情况下，更是如此。在交际场合，有时候一句表示真诚谢意的话语，还可能成为结识新朋友的契机。

有些人对于说声“谢谢”十分吝啬，不愿给予任何人。在他们看来这种客套、形式是多余的。也有的人则认为他人的服务、帮助是应该的，没有必要说什么谢谢。其实，这是一种误解。说声谢谢，是礼貌、客气的表示，决不是多余的客套。此外，如果对于他人的服务只看到理所应当的一面，而没有想想自己的社会责任，那么，在有意无意之间就会带来负作用。比如，有这样一件小事：有位青年学生在公共汽车上看到一位抱小孩的大嫂上了车就站起来为她让座。这个妇女径直走过去，一屁股坐下，对这个学生连看都没有看一眼。这个学生心里很别扭，他想，哪怕你冲我点点头，知道是我让了座，心里也就平衡了。但是她没有，他感到自己的好意受了污辱。从那儿以后，他再遇到这样的情况，干脆把脸扭向窗外，不再给人让座。你看，这个妇女少了一句谢谢，少

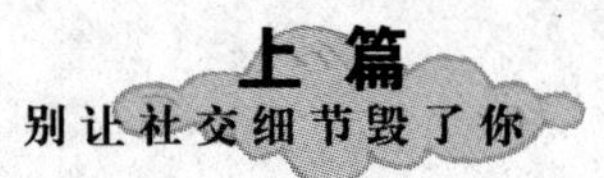

了一点礼貌，就这样挫伤了一个人的善心，这实在是很遗憾的事情。

在日常交往中，对别人说声“谢谢”，不过是张口之劳，可是它换来的却是微笑，是友谊，是轻松愉快的气氛，我们何乐而不为呢！

3. 做到与周围的人愉快地交谈

一般人总以为女性最爱讲话，因此有“三个女人一台戏”的说法。其实男性也是一样。人的本性都爱说话，但是有人却在正式的说话场合紧张慌乱，不知如何措辞，不能流利地抒发己见。那是因为觉得话题贫乏的缘故。若是遇到了特殊的事件，或是自己很熟悉的话题，绝不会无话可说。从这里可以说明能否滔滔不绝地陈述己见，和话题的丰富有密切的关系。

要挖一个洞，需要有某种程度的宽度才有可能，而洞愈深，宽度要愈广。如泰山，其山麓也相对地宽阔，所以同理可说。讲话的题材也是从许多话题当中选出来的，运用判断力选择能够达到说话目的的适用材料，成为强而有力的话题。那些高谈阔论、颇具声色并能令大家注目的成功说话者，就是这样产生的。

那么这个丰富的说话材料是从何处而来呢？其实在我们日常生活当中，就有取之不尽用之不竭的说话材料，只是看我们如何用心地去搜集和利用这些资料而已。

在我们的周围经常会碰到许多不同的情况，看见无数的现象，听到各种各样的事情，自己也读了不少的书，然而却仍旧无法活用话材，这是因为观察力不够的缘故。一般人看一件事物，往往不经过思考，只是映现在眼睛的网膜上，未在心中留下深刻的印象。而每个人都应培养细微的观察力，把每天所看见和体验的事情，记录下来或记忆在脑海中，即可成为日后可资应用的话材。

你知道拍立得照相机是如何发明的吗？听说只是从一个小孩单纯的质问：“为什么照片不能照了就立刻出来呢?”而获得提示才发明的。这是因为大人观察事物时，不再有新鲜好奇的心，经常有固定的观念，认为本来就是如此，所以忽略了洞察问题本质的存在。

有一位年轻的寡妇，丈夫死后，她必须独力经营自己的公司。公司里有50名员工，她忙得分身乏术，无法妥善地照顾自己的小孩，但是她仍然含辛茹苦地扶养两个女儿到大学毕业，只是这位母亲对于新潮派女儿的生活方式，以及她们对于母亲不够尊敬的态度和任性的行为非常不满意，认为自己已经对女儿付出如此的爱心和关注，却得到这种态度的回报，感到万分遗憾。

不久大女儿结婚了，在婚宴当天，朋友们帮忙分发给参加宴会的贵宾一人一份小小的卡片，卡片里面写着新郎、新娘的生平介绍、读书经过、家庭状况介绍，其中有一栏是“我最尊敬的人”，这位母亲看着卡片，忽然激动地哭泣起来，看到大女儿在这一栏里填着“我的母亲”。这时含辛茹苦养育女儿20年的母亲，恍然明白女儿并没有忘记母亲的恩德，深深地感到高兴和欣慰。

观察事物时，必须深入到事情的本质中去，这是非常重要的。“我本来就是差劲的人”、“我的父母不行，我的祖父母也不行，我看这是遗传”。这样的说法都是失败者自圆其说和推卸责任的托辞罢了。天赋并没有什么极端的差异，一个人的能力强否是与他本人的努力有关的。

为了能和周围的人愉快地交谈，我们应该尽量使自己的话材丰富。我们对于平日的所见所闻，或及从阅读的书籍中吸取到的丰富知识，以及自己亲身体验的各种事物里，培养一种思考的习惯，并且运用敏锐的观察力，日积月累，就能丰富自己说话的题材，于是不管是和怎样的对象以及不论在任何场合中，都能轻松地应付自如，谈笑风生而受人欢迎了。

4. 善于捕捉说服的时机

若不能好好把握说服的时机，时机稍纵即逝。所以，懂得把握时机的人，都具备以下两项条件：

第一，善于寻找时机。

第二，要有果决的说服胆量。

这两项是缺一不可的，一旦判定时机到来，千万不可犹豫，否则机会难再得。

例如，某职员还需3天的时间才能完成上司交待的工作，所以他想说服上司宽限工作天数。他一早就到上司的办公室去。面对上司，这位职员说话时竟显得吞吞吐吐的，半天说不出所以然来，一副不知该从何说起的样子。

这时，上司虽明白职员的意思，但是看他一直说不出口，就借机采取先发制人的攻击：

"对了！我忘了告诉你，这件企划案明天就要交出来，知道吗？"

他本来想说服上司将工作延到第三天的，结果不但没有达到目的，反被上司要求提前完成，只好垂头丧气地走出上司的办公室。

其实这位职员一见上司，应马上开口：

"上次您交代的工作，无论如何还需3天的时间才能完成。事实上，再加上3天还是有点赶，但我们全体工作人员一定会全力以赴的。请经理再给我们3天的时间吧！"

想要说服他人，就应把握住时机，直截了当地说服对方。先下手为强说服，才能一举成功。下面列举一些社交场合中最好的说服机会：

（1）当你要找时机说服别人时，大清早是最好的时机。

（2）欲将私事拜托他人，或与之讨论较困难的事情时，在做完一件事的休息时间是最好的机会。

(3) 当你要别人同意你所提出的事情时，在外出前、开会之前，或者当对方非常慌乱之际，都是最好的时机。

(4) 一般低血压的人，通常在中午时身体状况比较差，所以如果有比较复杂的事情要处理，最好是在午后比较恰当。

(5) 事情要有本末之分，你可以将较不重要的部分，预留到下一个阶段再来说服："原来在上一周就应该有结论的，但是……"以这种方式说服定能让对方接受。

(6) 同样的，在周末你可以说："如果拖到下星期，将会有更多的麻烦，所以必须在这个星期……"这也是迫使对方接受的一个好机会。

(7) 当对方对你心怀感激时，是说服的最好时机。换言之，当对方处于低姿态时，你去说服绝对会令对方难以拒绝。

(8) 你可反过来利用对方说服你的时候说："刚好，我也有事拜托你。"

(9) 如果你能够掌握到对方的工作流程，确定对方什么时候忙，什么时候空闲，便能掌握到最佳的说服机会。

(10) 过一段时间后再找寻机会，这是最需要注意的事情。在高尔夫球场上遇见的对象，如果你第二天就去向他推销，往往会被拒绝。但如果隔了一周以后再去拜访，你只要简单地向对方打招呼，就能够与对方保持良好的关系，这也是最聪明的做法。

(11) 对工作场所的气氛，对一个人的心情、神色、观念、生活态度等，都必须有敏锐的感觉，如此才能掌握好说服的契机。

5. 培养出口成章的语言能力

有的人出口成章，有的人却有货倒不出。什么原因呢？这两种人不是心理素质不同，就是语言能力有差别，并且往往是两处原因并存。

如果不是心理障碍，就是语言功能不行，这种人常常是有话想说却又一时找不到恰当的词语，或是话语断断续续，难以连贯。其结果是心里想的一个样，嘴里说的又是一个样。

可见，假如一个人具备了一定的文化知识，而口齿又比较清楚，那么他的口才如何就取决于他的语感了。

所以培养语感是训练语言能力的重要一环。

语感敏锐，可以说是一个人的口才、学识和智慧的一种标志。

语感是指人对语言的感知和反应能力。

书面语言有着思考的余地，口语表达就必须是直接沟通，即兴构思，不可能总是依循规则。敏锐的语感、机智的口才绝非才子名人固有的专利，任何人都是可以后天培养的。

培养语感重在以下三个方面：

(1) 积累语言素材

积累语言素材主要是指积累词汇。

词汇的数量要比一般掌握的字数大许多倍，难以统计。我们要培养敏锐的语感，首先要积累词汇，否则，语感只是空中楼阁。

有位教务处的老师在谈到建立教学档案的经验时，一连用了“翻阅”、“调阅”、“借阅”、“参阅”、“查阅”等等不同的词汇，来表达不同的借阅档案形式。其实，这里的“翻阅”、“调阅”、“借阅”、“参阅”等词都是“察看”和“了解”的意思，但因借阅人的身份和用处不同又各有区别。表现了说话人丰富的学识。

要积累词汇必须处处留心。

平时读书看报、与人交谈、听课、收听广播、观看影视等等，随时都能获得新的有用的词语，尤其是阅读优秀的文学作品，更能获得丰富多彩的词语。关键是要认真搞清楚每个词的音、形、义，随时零存在记忆中，选抄在笔记中，使用在表达中。久而久之，就会有许多精词妙语供你随时随地选用了。

假如你是搞音乐比赛的主持，除了要有这方面的知识、规则，了解参赛者的有关情况之外，还要注意积累这方面的词汇。如：声情并茂，字正腔圆，高亢嘹亮等等。

如果你有很多的词语渲染气氛，你这个主持人自然就给人博学多识的印象了。当然，词汇不可滥用，多了，也会造成卖弄的印象。

（2）辨析词语特点

词语的妙用，有许多微妙复杂之处，语感的敏锐意味着用词选句又快又准，这就要对每个词的词性、程度、色彩以及相互搭配的特点加以分辨。如：“讲话”、“讲课”、“讲解”、“讲座”、“讲演”等词，主要的意思都是讲，但讲的内容、对象、场合和范围有所不同，是不能互相代替的。加强语感就要从这些细微之处入手。

同义词、近义词的不同色彩和意味都是要着重注意的，如果忽视了细微的差别，把贬义词当作褒义词或中性词，把适用于书面的词语用在口头上，那就会闹笑话。

“接到你从千里之外捎来的礼物，我内心的激动真是罄竹难书!”“罄竹难书”固然是程度很深，无法说尽的意思，但一般是指罪行严重，用在这里就很不恰当。当然，也并非绝对不能用于罪过以外的事物，如“我小时那个傻劲哟，真是罄竹难书!”这样说带有调侃的意味，也有奇妙的效果。

口头语和书面语的区别也是一个值得注意的问题。有些词句只适于口头或书面，用反了也会闹出笑话。比如熟人见面常会招呼一声：“你吃了吗?”如果换成“你进餐了吗?”别人自然感到别扭。又比如“一日曝之，十日寒之。”用在书面未尝不可，但口头上这么说人家就会嫌你咬文嚼字，倒不如“三天打鱼，两天晒网”来得明白自然。

（3）养成遣词造句的习惯

培养这个习惯的主要方法是多听多读，经常接受良好的语言刺激和熏陶。

所谓“良好”是指语言的质量较高，既符合规范，又简洁生动。

有些尚未学过语法的孩子为什么说话通顺，头头是道呢？

因为他从大人的言谈话语中得到了良好的熏陶。

学校里的语文课为什么要学许多典范文章呢？

因为这些范文正是遣词造句、组织语言的示范。

语言能力较强的青少年为什么大都得益于大量的课外阅读呢？

因为大量的阅读有利于培养敏锐的语感。

我们说的话和书报上印的文章、句子的数目是无限的，可是句子的构成格式是有限的。如果我们多听多读，经常接受符合规范、质量较高的语言刺激，那么无形之中我们就会养成一种正确的遣词造句的习惯。

总之，要使自己能在交际活动中出口成章，一定要有良好的语感基础。如果你觉得自己的语言能力还有欠缺，那么，就请你从以上的三个方面努力吧。

6. 日常会话应注意的事项

透过打招呼与自我介绍，可以抓住人际关系的契机，但日常的会话更能促进交情。

日常会话的目标并非理论上加深内容，或直接解决有关讲话的内容本身的问题；主要是享受对话的乐趣，谋求彼此心灵的交流，同时，会话也具有放松的意味。

透过会话还能满足一些需求，诸如谋求气氛转换或间歇，以及表现自我。因此，为了加深人际关系，锻炼你的会话能力是非常重要的。需要注意的事项如下：

①明白会话中的真话意思——也就是会话中一起交谈的事情。

因为会话并非仅由特定的人唱独角戏，它是与对方交换的共同作业。

②会话具有回应的特性——不管提到什么事，有人好像都会不耐烦地回答“哦”、“不”等无精打采的话，这将无法使会面热烈起来。

造成这种情况的主要原因，多是没有回应的话题，或者自己这一边无意参加该会话，这种内在的态度也是问题的症结所在。

如果有丰富的话材，当接受对方传递的语言时，就能正确地回应。

人类具有自我表现的本能需求，因此，一旦有说话的机会时，就会自发性地想说话。如果一来一往不断地进行，其对话就会起劲，参加者的心灵交流就更加活跃。

要充实话题，先决条件是当接触事物时，不要失去新鲜感，要维持精神的年轻。如果未受感动，将是精神的老化现象。由于未注入新鲜的话题，话题将充满老朽而带霉味，毫无新鲜感。

③不要陷入自以为是的话题——很多人像杂学博士一样万事通，并认为那才是会话的高手条件，实际上是一种误解。虽然知道会话是重要的事情，但如果向对方谈无味的话题，等于一个人自说自听一样。会话起劲的重点是以说话者与听者共通的话题交谈。而有的人却在不觉之间陷入说教的话题，当然使人厌烦。

④留意不违反规则——有人会在说话途中泼冷水，或在话中找碴，以及独占讲话的上风等，这些情况肯定违反原则。

说话时，自己要常常自问“这样说可以吗?”如果不那样，对方会把你的话当耳边风。如果被当耳边风，也是理所当然，同时所说的话也无法使对方理会。如果一再违反，人们将远离你。就是聊天，也在不知不觉之间使听讲的人躲避你，因而造成一人唱独角戏的局面。如同舞会中的“面壁之花”，使自己迈向孤独之道，这便是自作自受了。

第四章
初次见面留下良好的第一印象

第一印象在社交当中十分重要，因为先入为主的个人印象，决定别人在相当长的时间里对你的看法和态度。为此，在与人第一次见面时，要尽量有所准备，在细节处有意识地调整自己不足的方面以增加对方对自己的印象分。

1. 正确利用第一印象效应

在社交活动中，第一印象很重要。它是在没有任何成见的基础上，完全凭着你的“自我表现”来判断的，因而第一印象直观、鲜明、强烈而又牢固。如果你的相貌俊美，举止端庄大方，言语机智，谈吐风趣幽默，风度翩翩，你就会给人留下美好而难忘的印象。当然，人无完人，所有的优点和美德不可能都集中在一个人身上，但你若具有其中某一方面或某一方面的某一点，再扬长避短，将其发扬光大，也同样可以获得最佳效果。

(1) 第一印象的影响力

第一印象的好坏，决定着社交活动能否继续下去。第一印象好，人家就愿意和你进一步来往，通过一段时间的相识与了解，人家觉得你的确不错，你们的关系就会顺畅发展。如果对方是你的客户，你在事业上就多了一个合作伙伴；如果对方是你的同事，你在工作中就多了一个支持者；如果对方是你的邻居，你在生活里就多了一个朋友。第一印象不好，你与人家的交往便不得不就此止步了，因为人家不想再见到你。纵然你有多么美好的动机，多么宏伟的蓝图设想，也只能化成泡影了。

第一印象直接影响着对一个人的评价。一个人的言谈举止，是构成人们对他直观评价的主要因素。许多人在初次交往时，就很快被对方所接受，或被奉为事业的楷模，或被尊为学业上的恩师，或被敬为思想上的领袖，或被定为人生的伴侣，也就是一见钟情。

第一印象的烙印是非常深刻的，很长时间都不容易被改变。在许多回忆录中，我们常常可以读到这样一段话："他还是老样子，像我第一次见到他的时候……"多少年以后，历史的变化更加之岁月的沧桑，一个人怎么会没有变化呢？但在作者眼里，对方还是他初次见到的模样。事实上不是对方依然如故，而是作者脑中的第一印象太深刻了，没有随着时间的流逝而改变。由于第一印象扎根太深，以后感知或应该感知到的东西，也都被冲淡或忽略了。其好处是，两个人之间如果没有出现本质问题，偶尔的一些矛盾或不快很可能被忽略，二者的关系仍朝着纵深方向发展。其不利处是，两人之间若有一人发生了本质变化，另一方仍忽略不计，势必要丧失立场，乃至上当受骗。

（2）正确对待第一印象

一般来讲，第一印象还是基本准确的，尤其在有阅历之人的头脑中，准确度更高。首先他没有先入为主的偏见；其次，他只凭客观判断。只要此人不是高明的玩家，不是擅于演戏，正常的人际交往总能感受个八九不离十。人们的思想深浅，学识的高低，教养的好坏，从对方三言两语的言谈中，便可一见分晓。所以在社交活动中，把握好第一印象，关系十分重大。

但也不能一概而论，初次交往也有看走眼的时候。第一印象接触的毕竟是表面的东西，本身就潜伏着偏差，再经过时间的推移和人事的变化，其距初始感觉已越来越远。当初两人一见如故，后来反目为仇；当初两人山盟海誓，后来形同陌路。这样的例子比比皆是，都是由于第一印象的偏差所致。

作为一种心理现象，我们应该重视第一印象。怎样减少偏差，如何一目了然，都是未来很好的研究课题。就我们自身而言，要增加阅历，提高修养，加强识别人、判断人的能力。同时也要把第一印象拿到实践中去检验，在实践中不断地修正它，丰富它，使它发挥更准确、更巨大的作用。

（3）第一印象与先入为主

对客观事物的认知，不是遵循其自身规律，而是受制于第一印象，在它的作用和影响下，形成先入为主的心理效应。

第一印象的好坏，已被社交者在头脑中固定为一种倾向，由此决定他们的社交态度。如果第一印象好，双方就愿意交往，这是社交继续的基础。如果第一印象不好，彼此不想再见，社交也就无法进行。

在现实生活中，许多事情又不以人的意志为转移，即使你的第一印象不好，可是出于工作或生活的需要，你也不得不和对方继续打着交道。这时，先入为主的心理效应便开始显现出来。

生活中常有这样的事情：一位多年的领导干部，带领大家艰苦奋斗，业绩频频，深受众望。突然有一天，政治运动兴起，他被造反派揪出来，说是揪出了一个叛徒。人们怎么也不相信，平时最受他们尊敬的领导，一夜之间会成为叛徒。于是，有人默默哀叹，有人愤愤不平，有人呼冤告状。一贯的思想，使他们坚信，他们的领导是个好人，不可能是叛徒。运动过后，这位领导得以平反昭雪，证实了人们的看法。这种情形，说明先入为主的思想在发生着积极的心理效应。

生活中也常常存在另外一种情况：某工厂的一名工人，人见人夸，都说此人老实能干，尤其见到女同志就脸红，更让人觉得放心。突然有一天，公安局来人将其带走，说他是强奸嫌疑犯。人们乍听时，谁也不相信，如此腼腆的人，怎么可能？后经公安局的大量证据证实，犯人自己也招了供，人们才不得不信。不过，这一事实仍然让人们费解，无法将前后两者联系到一起。这时先入为主的思想，产生的就是消极的心理效应。

在社交活动中，人们都免不了被先入为主的思想左右。对印象好的人，怎么看怎么好，越看越顺眼。如果有人对你说他的许多不是，你或者不放在心上，听而不闻；或者根本不相信，还要反驳几句；或者将信将疑，持怀疑态度。让你相信真有此事，可不是一件容易的事情。相反，若有人在你面前顺势夸他，你会连连点头，坚信不疑。

对印象不好的人，你是怎么看怎么不顺眼，越看越别扭。如果有人向你提及他的优点，你会很反感，不仅不信，还要将对方痛斥一番，把你长期的不满，连带今日的“话不投机”，一并泼向对方。如果有人指责那人时，你听起来就很受用，即使不参加讨伐，心里也是认同的。

（4）避免成为先入为主的牺牲品

先入为主的心理效应，有它积极的一面，也有它消极的一面，在与人交往时要善加识别。当先入为主的内涵与客观事实相符时，就能够亲近好人，远离坏人；当先入为主的内涵与客观事实不相符时，就会以偏概全，错待朋友，善待敌人。在生活中，这样的事例很多，所有那些上当受骗的人们，多数都是先入为主的消极心理效应的牺牲品。

所以，我们要学会控制和把握，看待事物不能受先入为主心理的牵制，要防止思想的偏向，克服狭隘心理，积极诱导出先入为主心理的有利因素，注意纠正其以偏概全的不利因素，将先入为主的心理效应发挥到最佳状态。

 2. 会讲打破沉默的开场白

面谈过程中最困难的就是如何找出话题，等待时间越长，就越困难。当然，也不要一见面就打开话匣子。开场白可以打破与某人初次见面时的可怕沉默。

如果想与人建立联系，就必须保持清醒，这比聪明更为重要。有时，你使用别出新裁或诙谐的语言，却可能起不到什么效果，相反使自己陷入被动的境地。如果对方不了解你是谁，最好先作自我介绍。

你的开场白不外乎是一些常用的套话。比如：如果要对身边发生的事情发表评论，可以先渲染一下气氛。

“这是一个精彩的晚会！大家都玩得很开心。”

“参加这个会的人真不少，看样子许多地方都有人来。”

提一些无确定答案的问题，争取得到对方的响应。如：

“今天的交通这么糟，你是怎样闯过来的？”

“您做什么工作？”

“您怎么认识我们主人的？”

或以轻松的方式作自我介绍：

“我刚开始读研究生。”

“这是我第一次参加年会。”

“我刚参加完一期商务礼仪研讨班回来。”

或问一些一般性的问题：

“您是哪儿的人？”

“您上班的地方远吗？”

“您打过高尔夫球吗？”

可以选定一句适合与朋友一起进行工作午餐时的开场白作为练习。

例如，假定与一位卖主会面并共进工作午餐，在下述四种选择中任选其一（热情的评论、无确定答案的话题、自我介绍及一般性问题），然后交换角色练习。

和别人面谈时，如果一个开场白没有奏效，可以另换一个。应付出多大努力使谈话进行下去主要取决于这次谈话的重要性。要是某人不爱讲话或者性格腼腆，就提一个无需确定答案的问题，一般情况下他总是能回答的。如果不能奏效，而且有很多人在场时，就尽快与另一个人攀谈。

 3. 尽快缩短感情距离

初次见面，交际双方都希望尽快消除生疏感，缩短相互间的感情距离，建立融洽的关系，同时给对方一个良好的印象。那么，怎样通过交谈就能较好地做到这一点呢?

（1）通过亲戚、老乡关系来拉近距离

由于亲戚、老乡这类较为亲密的关系会给人一种温馨的感觉，使应酬双方易于建立信任感。特别是突然得知面前的陌生人与自己有某种关系，更有一种惊喜的感觉。故而，若得知与对方有这类关系，寒暄之后，不妨直接讲出来，这样很容易拉近两人距离，使人一见如故。现在许多大学里面，都存在一些老乡会、联谊会就是通过老乡关系把同一地方的学生召集在一块，组织起来。同时也通过老乡会来相互帮助、联络感情、加强交流。毛泽东同志就常用这种“拉关系”的技巧。建国后接见民主人士时，凡是与他有点亲戚关系、有些瓜葛的，往往是刚一见着面，没说两三句话，他就爽直地和盘托出其间丝丝缕缕的关系，在“我们是一家子”的爽朗笑声中，气氛亲热了许多，使被接见者倍感亲切。

（2）以表示感谢来加强感情

一个同学在跟一个高年级学生接触时的头一句话就是："开学时就是你帮我安置床铺的。""是吗？"那个同学惊喜地说。接着两人的话题就打开了，气氛顿时也热乎了许多。那个高年级同学的确帮过许多人，不过开学之初人多事杂，他也记不得了。而这个同学则恰到好处地点出了这些，给对方很大的惊喜，也使两人的关系拉近了一层。一般说来，每个人都对自己无意识中给别人很大的帮助感到高兴。见面时若能不失时机地点出，无疑能引起对方的极大兴趣。因此，初次见到曾帮过自己的人时，不妨当面讲出，一方面向对方表示了谢意，另外，无形中也加深了两人的感情。

（3）从对方的外貌谈起

每个人都对自己的相貌或多或少地感兴趣，恰当地从外貌谈起就是一种很不错的应酬方式。有个善于应酬的朋友在认识一个不善言谈的新朋友时，很巧妙地把话题引向这个新朋友的相貌上。"你太像我的一个表兄了，刚才差点把你当做他，你们俩都高个头，白净脸，有一种沉稳之气……穿的衣服也太像了，深蓝色的西服……我真有点分不出你们俩了。""真的？"这个新朋友眼里闪着惊喜的光芒。当然，他们的话匣子也就打开了。我们不得不佩服这个朋友谈话的灵活性。他把对方和自己表兄并提，无形中就缩短了两人之间的距离，接着在叙说两人相貌时，又巧妙地给对方以很大的赞扬，因而使这个不善言谈的新朋友动了心，愿意与其倾心交谈。

（4）剖析对方的名字来引起对方的兴趣

名字不仅是一种代号，在很大程度上是一个人的象征。初次见面时能说出对方的名字已经不错了，若再对对方的名字进行恰当的剖析，就更上一层楼。譬如一个叫"建领"的朋友，你可以谐音地称道："高屋建瓴，顺江而下，攻无不克，战无不胜，可谓意味深远啊！"对一位叫"细生"的朋友，可随口吟出"随风潜入夜，润物细无声"。或者剖析其姓名，引出大富大贵、前途无量之类的话，这也未尝不可。总之，适当的围绕对方的姓名来称道对方不失为一种好方法。

4. 给人留下真诚的第一印象

真诚是人类的本性，也是为人的一大美德，是人与人之间感情维系的纽带和桥梁。真诚是建立良好人际关系的基础和关键。第一次见面给人留下真诚的印象十分重要。

（1）保持本色不做作

内在的气质是最宝贵的。一个真正懂得与他人相处的人，绝不会因场合或对象的变化而放弃自己的内在特质，盲目地迎合、随从别人。每个人都有自己独特的气质、禀性，你要作为你自己出现，不是作为别的什么。而有些人总觉得自己本来的面目不如别人，气质不如别人高雅，谈吐不如别人脱俗，等等。于是随着环境、对象的变化而不断改换自己，结果弄得面目全非。保持一个真实的自我并不等于要使自己与别人格格不入或标新立异，甚至明明知道自己错了或具有某种不良习惯而固执不改，而是保持自己区别于他人的独特，健康的个性。那些具有个性的人，也具备一定的魅力。

（2）不要不懂装懂

不懂装懂的人是令人厌烦的，特别是在长辈、知识渊博的人面前，更不要班门弄斧，以免贻笑大方。对自己不懂的东西或学问，哪怕是在同辈面前，也要不耻下问。

在长辈面前感到说话困难的原因是难以寻找共同的话题。与其如此，倒不如当对方说了自己不知道的事情后，就老老实实地请教说："那么，请教教我吧。"这样，不但自己增加了知识，对方也传授了他的知识和经验，这应该是件好事，也是一种一举两得的交往方法。

(3) 不掩饰自己的缺陷

真诚首先就体现在外在形象上，适当的掩饰是可行的，但过分的掩饰反而适得其反。身材矮小、皮肤黝黑，虽说是美中不足，但要坦然面对，以出类拔萃的另一面作为弥补，如果太过计较，难免跌入自卑深渊。

身材矮小的男士，如果穿上超出常规的高跟鞋“垫一垫”，会让人觉得比身材矮小还滑稽。

皮肤黑黑的女士，如果涂上一层厚厚的白粉掩饰，容易让人产生粗俗不堪的印象。

忘掉自己的缺陷，看到自己的长处，培养多方面的兴趣和爱好，把精力集中在更有意义的活动中，这是最好的办法。

(4) 不要否认自己的过错

有些人明明知道自己错了，却硬着头皮不认账，甚至还要为自己争辩，致使矛盾得不到解决，彼此的隔阂不能消除，相互之间的交往是谈不上了，还让人觉得此人蛮不讲理，像个无赖之徒。

其实，一个人有勇气用让步的办法，主动承认自己的错误，这不仅有助于解决由这项错误所造成的问题，而且也能够获得某种程度的满足感。

“人非圣贤，孰能无过”？如果你错了，就很快地、很诚恳地承认。这样你获得的友谊将使你分外满足。

(5) 表达真诚的方式

①真诚的眼睛。坦荡如水，平静地注视，不用躲躲闪闪或目光下垂不敢直视。从容、平静，如一池风平浪静时的湖水；热情而自信，无丝毫的掩饰和不安。

②真诚的举止。自然，大方，从容不迫，举手投足一副安然之态。

手足无措，有自觉不自觉地摸鼻子、玩弄手指、绕头发、揉眼睛、抓耳朵等小动作，声音也会不大自然，说话的频率和声调都有些异样，肯定在掩饰某种不安。

③真诚的微笑。如一缕温馨阳光，充满暖意。如一朵浓春的花朵，在唇边绽放。发自内心，暖人肺腑。皮笑肉不笑，故意挤出的笑，都缺少真诚。

④真诚的称赞。如果一个人称赞别人是发自内心的赞扬，是心灵之语，而不是带有某种企图，那么这人是真诚的。如果称赞一个人只是为了从中得到某种东西，那么他是虚伪的，称赞就属于奉承的范畴了。

⑤真诚的握手。握手是否显得真诚在于握手的轻重。握得太重，可能是想表示热忱或有所求。握得太轻，会显得有些轻视对方，或者自己是有严重的自卑。恰到好处的握手，是大方地把右手伸出去，手掌和手指全面地去接触对方的手。

5. 消除与人见面时的自卑心理

有的人不善于与人交往，尤其怕跟生人见面，这是一种自卑心理作怪。顺畅的社交、良好的第一印象都需要祛除这种心理。

(1) 消除对他人的恐惧症

心理学家列举了几种代表性的对人恐惧症：

①赤面恐惧症。一见生人，脸就红。

②发臭恐惧症。总认为自己的哪个部位如口腔、腋窝、脚发臭，而不敢站在别人面前，实际并没有发臭。

③视线恐惧症。既害怕被别人注视，也总以为自己看对方好像引起别人的反感，因此既怕被人注视，也不敢注视别人。

④貌丑恐惧症。总认为自己容貌丑陋，见人就低头。

感到怕见人的人，是个只注意对方、感情细腻、腼腆型的人。可是，这么一来只会更加羞于见人。不妨改变一下自己的思考方法。世上的人不管怎么想，结论是自己就是自己，无论多么好的人，无论是谁也不能代替你生存。因此必须具有自信的能力。如果总注意周围的人的评价而自己又没有办法的话，那就自己在心里经常高呼“我就是我，不好吗?”那就一定会产生出力量来。

（2）战胜自己的羞怯心理

如何战胜自己羞怯心理？惟一的办法就是知难而上，害怕什么就战胜什么，有针对性地采取一些办法。

①如果你害怕见生人，那么：

a. 径直迎着别人走上去，心里就想着他欠了你的钱。

b. 训练自己盯住对方的鼻梁，让人感到你在正视他的眼睛。

②如果你害怕在众人面前说话，那么：

a. 在喧哗的人群中大声说话，声音宏亮，让人在喧哗中也能听到。

b. 背诵几篇著名的演讲稿，然后独自大声地演讲。

③如果害怕见到地位较高的人，那么：

a. 想方设法参加有大人物出席的活动，看到他们也同样要端起杯子喝水、用手纸揩鼻涕、咳嗽等，消除心中的神秘感，增强自己的信心。

b. 与地位较高的人会面前，先预设几个话题，使你在与他会面过程中滔滔不绝，不会冷场，下次你就不会再发怵了。

战胜羞怯心理的方法很多，可以自己不断地设置。

（3）多想想自己的长处

人不应该只看自己的长处而无视短处，但当你初次在社交场上失败时，就应该多想想自己的长处了。

在交际场合最大的弱点便是自我贬值——自己瞧不起自己。自我贬值的表现多种多样。比如说：你正在寻找工作时，看到一个招工广告，那正是你所期望的职位。但是，你却没去应聘，因为你想："我够不上他们提出的条件，为何要去自寻烦恼?"或者你想与人约会，但却不敢打电话给她，因为你觉得自己配不上她。

知道自己的先天不足是一件好事，因为每个人毕竟有很多缺陷。但，如果我们仅仅注重消极的一面，为自己的缺点、短处和无能所笼罩，所谓一叶障目，情况就很糟了，这就会使你失去自信心和认识自身的价值。

有两个方法可以帮助衡量你的真正价值：

①了解你的几个主要的长处。请几个朋友来帮你寻找优点，这些人是你所敬重的，也是会对你说出真实而客观的评价的，他们将给予你真实的看法。

②在每个优点之下，写下一个成功者的名字，而这些人都是你所了解或钦佩的。在这几个方面，与他们相比，你会发现在某些方面他们不如你做得好。

当你结束这一练习时，你会发现你超越了许多成功者，至少在某个方面。

(4) 做点"白日梦"

虽然你还不是成功者，也可以在"白日梦"中以成功者的姿态出现一下，有一种成功的感觉，也会使你在别人面前显得信心百倍。事实上，这是一种增强自信心的方式。

花点时间想象一下，如果你登上事业顶峰，生活将是什么样子。不妨想象你坐在总经理办公室里的情景，想象随之而来的巨额报酬和发号施令的权力。然后，再想想在通向总经理办公室的道路上，你经历过的每一阶段，哪些你已经达到并超越的前期目标。在白日做梦里，当想象自己达到某种近期目标时，还要在想象中体会成功的喜悦。

有人设计了这样一种做“白日梦”的方法：

第一步，想象自己是某家公司的大老板，正坐在豪华的办公室或会议室里，正在对手下的一批管理人员训话。他们专心致志，聆听着你的每一句话，而现实中的你确实在说着某些话。

第二步，闭上眼睛，全身放松，尽可能地在脑子构想上述情景，使你作为大老板的形象进一步具体化或者说视觉化，你以怎样的语气说话，用什么样的手势、表情，你如何发脾气，等等，像是在大脑中放一部电影，而那主角正是你。这样持续10分钟，眼睛始终闭着。

经过一星期左右的这种“形象化预想”练习，你会发现自己的某些态度或行为已开始发生变化。变得比较果断，比较轻松或比较热情了。不管怎么说，这种变化表明你的直觉正在引导你慢慢地接近你想象中的而且渴望着的成功形象。

6. 不断结交新的社交对象

俗话说，多个朋友多条路。善于交际的人，总是在不停地扩大自己的交际范围，认识一个新的朋友，等于进入他的社交圈，从而认识一批人，不断地产生倍数效应。

(1) 广泛参加各种团体活动

对于参加联谊会、集训、研讨会或志趣相同者的夏令营、冬令营等活动，都是许多人在一起的集体活动，即便你兴趣不浓也还是积极参加为好。

之所以这么说，是因为此类活动所创造的交际机会是非常多的。比如，有些不喝酒的人，稍微喝了一点，就把心里话全都倒了出来，从此与这些人结成了好朋友。如果你总是说“乱哄哄的有什么意思”之类的拒绝之辞，那么以后就不会有人再邀请你了。

各类社团组织、学术团体聚集着各种人才，大家志趣、爱好相投，有共同语言，可以互相切磋技艺，研究学问。定期举办的各种活动可为其成员提供充分的交往机会，所以，不要放弃你感兴趣的任何团体。

（2）好好利用与人合作的机遇

与人合作的过程也是交友的过程，为扩大社交范围提供了良好的机遇，因为共同的事业是寻觅知心朋友的前提条件，比如，鲁迅以兄弟般的情谊同瞿秋白、冯雪峰协作，领导了革命文化运动。著名妇产科专家林巧稚当年和友情甚笃的三位女友互相帮助，最后一起考入北平协和医科大学。

不可错过与人合作的项目，还要积极寻找共同完成的事业，才可广交朋友。

（3）培养自己的好奇心

爱好、兴趣广泛的人，易于同各种人交朋友。一个人如果会打桥牌、跳舞、游泳、滑冰、打球、下棋等，爱好一多，与大家“凑趣”的机会就多，结交朋友的机会也就多了。

即使自己并不擅长某一方面，但若表现出浓厚的兴趣，博得对方的欢心，因为你肯定了他的特点，引发了共鸣感。

然后就是要有好奇心，集体活动时，不管谁邀请都要去一块儿活动。自己感兴趣的要去，不感兴趣的也要去，不管男性和女性都要兴致勃勃地活动。只有这样才能让人感受你的魅力，让人感受快乐的气氛，自己也能感受，当大家聚到一起时，不要忘了这一点。

再有就是关心各种问题。常关心周围大多数人所关心的事，特别是关心你结交的人所感兴趣的问题。

(4) 不要让性格差异成为障碍

常言说，物以类聚，人以群分。志趣相投的人容易接近，反之，则容易疏远。但要记住，社交与选择朋友不完全是一回事，社交圈中，有朋友，但更多的不是朋友，或者只是普普通通的朋友，因此，社交过程中，不要用选择朋友甚至是知心朋友的条件来作标准，凡是志趣不符、性格不合的人一概拒之门外。

威尔·罗志斯说过："我从来没有碰到过我不喜欢的人。"这句话用在社交圈中是很合适的。要扩大社交范围，就要学会接受他人的独特个性，即使是自己并不喜欢的个性。

在社交圈中认识的新朋友应是与你有较大差别的人才好。朋友之间在知识结构、性趣爱好、生活经历、气质性格等方面存在差别，有助于双方广泛地了解形形色色的社会生活层面。新朋友的见解即使与你大相径庭、迥然不同，也是一大幸事，这可以补充、丰富你的思想。

(5) 积极参加集体活动

有些人不喜欢参加集体活动，这些人老埋怨自己没有朋友，实际就是缺少热情。这种心情他自己最清楚。无论大家做什么，需要多少时间，就知道做自己喜欢的事情，绝不与大家一起干。什么都是自己决定，自己能领会的才想做，像这样个性强的人是很难交到朋友的。

如果参加集体活动的兴致不高，你就坐在兴致高的人对面去。"自己没有可以露一手的专长，即使去了也只是凑凑热闹，真无聊！"情绪如此低下，往往会影响周围的人，会令人扫兴。因此，如果坐在性格爽朗、幽默风趣、感召力强的人对面，受其感染就不会那样无聊、寂寞了。大家不知不觉地畅所欲言，原来兴致不高的你也许会发觉自己急不可耐地想参加下一个联谊会。

参加聚会、联谊会一类的集体活动，绝对不能表现出勉勉强强的态度。"啊，毫无意思。不参加就好了！"这样的人，即使去联谊会或集训，好像是局外人一样，自己什么也不去干，还在一边一个劲地发牢骚。这样，不但周围人的情绪受影响，自己也比谁都不愉快。一旦参加活动，对什么事情都应当积极地干，要努力让大家都快乐。

如果你不会唱卡拉，回避也不是办法，当别人唱歌的时候，你要积极应和，为他们打节拍，让大家感受到你的热情。

不会喝酒的人也不要独自走开，更不要感到这种联谊会、聚会对自己是一种无聊的集体活动。可以明确地告诉大家自己滴酒不沾，然后，主动地揽上专司斟酒的活儿，并监督每个人是否完成了“任务”，找点话题挑动大家“斗斗酒”，自己当公证人，活跃一下气氛。这样，自己也不会因为不会喝酒而感觉被排除在集体活动之外，还可以逃避别人的苦劝，真是一举两得。

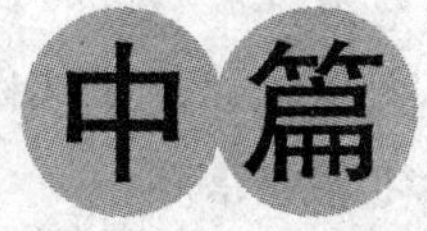

别让社交技巧毁了你

完全凸显个性的本色社交固然能给人留下诚实、率真的感觉，但是也容易触犯社交禁忌，对稍微复杂一些的社交问题也会束手无策。所以，本色社交只适合于亲朋之间，而在大多数社交场合，需要学习和运用必要的技巧和策略，这样才能让自己在社交之水中畅游。

第五章

利用一些社交潜规则

社交要讲技巧，但这些技巧应该以遵循社交规则为前提。社交场合有很多规则，这些规则没有成文的宣示，也没有人以之强迫你，可以称得上是社交潜规则，它需要你在社交过程中去慢慢学习、领悟。

1. 不能忽略面子问题

每个人都爱面子，一些人甚至把面子看得比生命还要重要，一旦伤了人家的面子，可能就会给自己留下无穷后患，因此任何时候都要注意保全别人的面子。

经过几个世纪的敌对之后，1922 年，土耳其决心把希腊人逐出自己的领土。穆斯塔法·凯墨尔对他的士兵发表了一篇拿破仑式的演说，他说："不停地进攻，你们的目的地是地中海。"于是，近代史上最惨烈的一场战争展开了，土耳其最终获胜。

当希腊的迪利科皮斯和迪欧尼斯两位将军前往凯墨尔的总部投降时，土耳其士兵对他们大声辱骂。但凯墨尔却丝毫没有显示出胜利的骄气。他握住他们的手说："请坐，两位先生，你们一定走累了。两位先生，战争中有许多偶然情况，有时最优秀的军人也会打败仗。"

凯墨尔即使在全面胜利的兴奋中，为了长远利益，仍然牢记着这条重要的信条——让别人保住面子。

古训有云："己所不欲，勿施于人。"可我们往往忽略了这一点。我们常常无情地剥掉别人的面子，伤害别人的自尊心，抹杀别人的感情，却又自以为是。我们在他人面前呵斥别人——下属或者孩子，找差错，挑毛病，甚至进行粗暴的威胁，却很少设身处地地为他们着想。考虑别人的自尊心在任何情况下，都要让对方下得了台阶。

罗宾森教授曾说过一段富有启示性的话："人，有时会很自然地改变自己的想法，但是如果有人说他错了，他就会恼火，更加固执己见。人，有时他会毫无根据地形成自己的想法，那反而会使他全心全意地去维护自己的想法。不是那想法本身多么珍贵，而是他的自尊心受到了威胁……"

人人都有自尊心，不但大人物有，小人物也一样，甚至更强烈。当一个人一无所有时，自尊心便是需要固守的最后领地。没有人愿意别人漠视自己作为一个人的存在。有时，人们为了维护自尊，甚至会坚持错误，不可理喻。

有一次，张女士花不低的价钱买了一件衬衫，回家试穿了一下，感觉很不舒服，大概是布料的原因。没过几天，一位朋友来看她，看了她的衣服，大呼："你上当了，这种料子穿到身上发板、发硬，特别不舒服，而且还容易退色，送给我都不愿穿，你还花那么高的价钱买它。"

张女士吃亏了吗？是的。可是，朋友的话虽然在理，张女士听起来却特别刺耳，似乎在贬低张女士的智力。张女士莫名其妙地开始为自己的面子辩护了："虽然有点硬，不过穿到身上挺有形的，我还是比较满意……"

第二天，另一位朋友也来拜访张女士。她称赞张女士身上的衬衫很漂亮，还问张女士在哪里买的，说也要买一件。这时，张女士反应就完全不一样了："说实话，这衣服挺贵的，而且穿在身上不舒服，有点板，有点硬，而且还退色，我正后悔不该买它呢！”这时，张女士甚至为自己的坦白直率而自豪起来。

可见，如果对方处理得巧妙而且和善可亲，我们也会承认自己的错误。但是，如果把难以下咽的事实硬塞进我们的食道里，结果就适得其反了。

保全别人的面子，是我们通向成功的一条宽广之路。面对别人的过失或窘境，一个蔑视的眼神、一种不满的腔调、一个不耐烦的手势，都可能带来难堪的后果。如果我们当面驳斥一个人，他会同意我们的观点吗？绝对不会！因为我们否定了他的智慧和判断力，打击了他的自尊心，同时还伤害了他的感情。他非但不会同意我们的观点，还要进行反击。如果我们认识不到这一点，常常以一种“坚持真理”的姿态去伤害别人的自尊心，就会使我们的生活处处碰壁，人生的旅途就很容易拐进死胡同。在人际交往中，平等对待别人、尊重别人，才是“真理”。除此之外，只有冲突和调和，没有真理。

本杰明·富兰克林在自传中写道：“我立下一条规矩，决不正面反对别人的意见，也不让自己武断。我甚至不准自己在文字上或语言上持过分肯定的意见。我决不用‘当然’、‘无疑’这类词，而是用‘我想’、‘我假设’、‘我想象’。当有人向我陈述一件我所不以为然的事情时，我决不立刻驳斥他，或立即指出他的错误；我会在回答的时候，表示在某些情况下他的意见没有错，但目前看来好像稍有不同。我很快就看见了收获。凡是我参与的谈话，气氛变得融洽多了。我以谦虚的态度表达自己的意见，不但容易被人接受，冲突也减少了。我最初这么做时，确实感到困难，但久而久之就养成了习惯。使我提出的新法案能够得到同胞的重视。尽管我不善于辞令，更谈不上雄辩，遣词用字也很迟钝，有时还会说错话，但一般来说，我的意见还是得到了广泛的支持。”

“打人不打脸，说人不说短”，如果你能记着给人留面子，那你脚下的路一定会更好走，你的人缘也会越来越好。

2. 小误会不消除会造成大误会

在社交活动中，由于一些意想不到的原因导致失误，常常会造成不必要的误会。比如，一对初恋者约会，小伙子因意外事情迟到了，又没说明原因，姑娘便认为他是个靠不住的人。再如，某单位领导找部下谈话，通知其调动工作，因没说明这是组织集体讨论决定的，使对方误以为是他的主意等等。

其实，这些误会本来并不难消除，只要当场把真实情况多说上一句话，便可免去很多麻烦。可是，人们往往忽略了，没说这句话，结果留下遗憾。当然，事后进行疏通说明也可以补救，但总不如当场消除误会的好。

夏洁是个大大咧咧的女孩，大学毕业后直接去了一家水产公司上班。公司的老会计王姐非常喜欢她，对她一向照顾有加。有一天，王姐的孩子从网上下载了点东西，因为家里没办法打印，所以就想麻烦夏洁帮忙打印，说孩子着急要用。夏洁答应了，但当天的工作特别忙，就把这事儿给忘了。第二天，王姐来取东西时，夏洁这才想起来，只好回答说自己还没弄呢！王姐脸色平静地告诉夏洁不用弄了，孩子只是闹着玩。夏洁也没在意，这件事就算过去了。但是后来夏洁发现王姐对自己特别冷淡，一次同事一起开玩笑时，夏洁说了句什么，王姐紧跟着就指桑骂槐地说了句："那当然，人往高处走嘛！领导有事吩咐声就行，咱们小老百姓哪能支使得动啊！"夏洁这才明白，王姐误会自己了，可是事情过去了那么久还怎么解释呀！

夏洁错就错在没有当场跟"王姐"解释清楚，如果她把当时的情况说一下，相信"王姐"不会不理解。当我们出现了失误时，很多人都觉得这没什么大不了的，不需要解释什么，结果就造成了对方的误会，给自己也带来了很多麻烦，所以必要的解释一定不能少！

那么应该怎样做解释呢？

（1）解说原委

当由于特殊原因造成失误时，应及时实事求是地陈述原委。如本文开头的事例，小伙子迟到是因为路遇小孩打架受伤，他送小孩去医院。对此，他以为这是应该的，而没有主动说明，以致姑娘产生了误解。如果他当时就说明此事的话，也许他们的关系就是另一种结局了。

为了防止他人产生潜意识的责难，当事人也可用自言自语的方式对自己行为上小的失误进行解释。比如，开会时间过了，主持会议的领导才匆匆赶来，他边走边说道："叫大家久等了。临时接待了外商，刚送走。现在开会吧。"只此一句，起码有两个作用：一是平息大家的怨气，主持人迟到，耽误了大家的时间，如此自我解释就是一种道歉。二是说明了迟到不是有意的而是遇到了特殊的情况，易于得到他人的谅解，不致影响领导的威信。

（2）交待关系

有时在交际场合，对于可能引起他人猜测的人际关系或敏感问题，也要主动说明，以解嫌释疑避免误会。有位处长到北京办事，顺便看看老同学，老同学的女儿跟他上书店去买书。正巧碰上本单位一位出差的同事，处长和他寒暄几句就匆匆而过。等他回到单位时，他在北京的"艳遇"已经满城风雨，任他如何解释也说不清，使他十分苦恼。其实，他当时只要介绍一下同事的女儿与他的同事认识，这一切都不会发生了。

对于易于为人猜测敏感的男女关系问题应及时落落大方地说明，就可免去很多麻烦。某单位一科长与一位女同事公出，在街口遇上一位熟人。科长主动介绍："这是我们单位的小王同志，一块儿到上级机关开会，刚回来。"小王主动与之握手相识。这样介绍，自然免去了很多误解。

(3) 说明背景

有时，在交际中为把事情说得更准确，使他人理解得更全面，不致造成误会，还应对背景材料做必要的解释和说明。比如，某书记找工人交谈，一开始就交待背景："马上要进行优化组合了，可能要涉及到你，我今天是以朋友的身份来和你交心……"书记这样解释自己的身份，说明不是传达组织决定，而是朋友间推心置腹的交心，所以气氛更融洽，工人也敞开了心扉。

主动解释个性性格或个人心理，给对方打"预防针"，也可防止造成对自己良好动机的误解。比如，在提出对方不爱听的问题时，常常有一句先导性的话："有句话不知当讲不当讲……""我有一句多余的话，你可能不爱听……"这种打预防针式的解释背景的话，可以使对方充分理解自己的善意，不致当场形成误会和对抗而影响彼此关系。

误会越早解开越好，不要等到误会变成了怨恨才开始着急，所以发生误会时，少说一句不如多说一句，千万别嘴懒！

3. 交际判断力是交际成功的前提

高超的判断力是使交际获得成功的前提和基础，一个人如果疏于判断或判断失误，就可能造成言行失误，使自己陷入被动，导致交际失败。

那么怎样做出准确的交际判断呢？

(1) 透过衣着仪表，抓住风度气质，做出判断

在交际中最常见的判断错误就是以衣貌取人。应该说，人的衣着打扮是一种直观的重要的信息，它可以在一定程度上反映一个人的身份、职业、爱好等。但是，这种外在信息有一定的不确定性。如果仅仅据此进行判断，就可能弄错。与衣着相比，人们的气质较为真实。气质是一

个人内在的修养、学识、经历、思想面貌的自然流露，它是溶铸在人们言行表情中的，想掩饰也掩饰不住。换句话说，衣着可以伪装，气质则不能。同是妙龄女子，一个农村姑娘与一个城市姑娘的气质大不相同；同样装束的城市女子，一个劳动女工与一个白领小姐在作派表情、举手投足上绝不一样，一看便知。正确的判断方法是，要透过衣着仪表，把握其风度气质，综合内外因素进行分析、判断，才能提高判断的准确性。

（2）透过语言谈吐，把握思想动机，做出判断

俗话说：言为心声。在大多数情况下，闻其言便可知其人。不过，生活十分复杂，常常出现例外。有时候，很动听、很漂亮的话很可能不是真话，而是假话。因此，在与陌生人打交道时，切不可根据一面之词就信以为真，那样就会受骗上当。我们应注意听其言，辨其意，透过语句，分析动机，做出准确判断。一次，街上有两家推销饮水机的商人在叫卖，都说自己的产品是正宗品牌，但两者价格相差不少。一位先生听罢这家又看那家，拿不定主意。这时，售价较高一家的推销员说："我们的产品质量高，保证售后服务到家。如果不信，这是我与厂家签订的销售合同书，这是我的身份证。那里有长途电话，你马上可以与厂家联系核实，电话费由我出。"听罢此言，先生没有打电话，而是下决心买了他的产品。有人问这位先生，为什么要买较贵的这一家？先生道："我分析他说的是实话，是真的。"显然，先生不是盲目的，他从对方的话语中判断出了真假，才下定决心。

实际上，每个交际者都有自己的利益，为了维护自身的利益，在言谈上并不一定直抒胸臆，往往要说一些言不由衷的话、带有潜台词的话，甚至是言此意彼的话。如果仅仅以其言词为依据进行判断，八成会造成判断失误。

所以，在交际过程中，不要"听风就是雨"，偏听偏信，片面判断。要注意认真倾听对手说了什么，再想一想他为什么这样说，动机本

意在哪里，这样再行判断，就可能抓住要领，较为准确了。

（3）透过行为细节，认识内在本质做出判断

有经验的交际者，不仅在大的方面关注对手，而且十分留意其举止行为的细微末节之处，从中发现和洞察其内心世界。经验证明，人们的举止动作往往带有习惯性，它通常是经历、职业、爱好、心理等内在因素的自然流露。因此，我们可以从小小的动作、表情，洞悉一个人为人处世的品格和思想面貌。有位外商到内地寻找合作伙伴，他到一个工厂考察，在听了厂长介绍，参观了工厂设施之后，虽有合作意向，但还是下不了决心。中午厂长设午宴招待他，宴会结束时，厂长把剩下的饭菜打包提走了，这在内地官场上是很少见的。就凭这个小动作，这位外商感到他遇到了一个务实的、讲效益的企业家，当即决定与之合作，签了合同。后来的事实证明，这个合资企业办得很成功。

高超的交际判断力，是敏锐的观察能力、透彻的分析能力和全面深刻的思索能力等因素综合作用的结果。这就需要你在平时的人际交往中，勤于观察，积极思考、分析，这样才能不断提高你的交际判断力，赢得交际的成功。

4. 日常交往既要备敬酒也要备罚酒

交际策略一般都是软的，比如“遇事好商量”、“遇事让人三分”等等，都是社交中人们常用的态度和方法。但不是所有的时候软的手段都灵验，有的人就是欺软怕硬，敬酒不吃吃罚酒，好话听不进，恶话倒可让他清醒。这样，强硬的态度与手段就成为必要。

到江州渔船上抢鱼的李逵，全无道理，好话听不进，硬是碰到浪里白条张顺，把他诱进水里，把一个铁汉子黑旋风淹得死去活来，他才不敢冒失了，也才真正领教了逞强的苦头。浪里白条张顺，也是软的办法

用尽才来硬的。并且用计把李逵引到水上，让他英雄无用武之地，这样，张顺才可以发挥自己的硬功夫。

就客观情况而言，在人们的交际活动中，软与硬的两手是相辅相成、密不可分的。如果有所偏，自己便要吃亏。也就是一个人如果太软，则易给人弱者的印象，觉得你好欺负，于是经常受到别人行为、言语、态度的戏弄与不恭。这种现象是普遍的，因为不可能指望人们修养都那么好，公正无欺地待人，恰恰相反，更多的人们都有点欺软怕硬的毛病。因此交际中不可一味的软。

当然，与人交际，也不可太强，一味不转弯的强硬。一个人太强硬，必然使人觉得他头上长角、浑身长刺。到节骨眼上，别人忍无可忍，如张顺和众多渔夫对付李逵，李逵的恶运就难逃了。那时的李逵在水里被淹得死去活来，要不是宋江来得及时，再拖延几口气的工夫，只怕李逵就要被张顺丢到江中喂鱼了。

所以，为了生活平安、办事顺利，初入社会的人，或者过分软弱、过分单纯的人，务必要了解软硬两手的效用，心理上有点软硬两手交替着用的谋略与随机应变。

淡如到新单位才一个多月，她却觉得特别累、特别烦，让她产生这种感觉的就是公司里的四十多岁的财务主管“卢姐”。卢姐是老总的小姨子，在公司里特有地位，也不知淡如哪儿得罪她了，反正她对淡如一直就看不顺眼，看到淡如就鼻子不是鼻子、脸不是脸的，还常在背后说淡如的坏话。对于这些事淡如都忍了下来，她觉得自己是个新员工，得罪不起人家，其实她也曾想过要改善自己同卢姐的关系，可每次自己的善意都打了水漂——人家根本就不理睬，淡如也就不想再讨没趣了。

这天财务室通知淡如去领出差报销费用，淡如接过钱一看，只有六百四，少了四百多块钱，就拿着钱去找卢姐。卢姐冷着脸说：“发票上就这些，你还想要多少?”说完把淡如的出差发票摔了过来。淡如一查发现少了一张住宿发票，可卢姐却狡猾地说：“你给我的就这些，谁知道你把发票弄到哪儿去了!"淡如明白了，这一定是卢姐搞的鬼，她忍住一口气，平静地说："发票交上去的时候，我是编了号的，我用铅笔在发票背面标好了，当时同事小王、小赵都在场，但现在发票却少了第四张，我要去找老总，如果老总也说责任在我，那我就认倒霉!"卢姐这下傻了眼，嘴唇哆嗦着却不知要说什么，淡如趁机又说："卢姐，其实我也不想把小事弄大了，闹到老总那儿对谁都不好，我想会不会是会计把发票弄丢了，事儿这么多，您也不可能都照顾到了，要不您再找找!"卢姐连忙点头。下午的时候，卢姐亲自把钱送给淡如，而且以后再也没找过淡如的麻烦。

淡如实在是个很聪明的女孩子，虽然是初入社会，但却完全掌握了软硬兼施的谋略，结果大获成功。如果当时她和"卢姐"大吵一架的话，估计也能把钱要回来，甚至让"卢姐"挨批，但她以后的日子一定会更不好过。当然她也可以把这口气忍下去，不过以后她就会遇到更多这样的事，谁让她是"软柿子"呢!社会复杂，什么样的人都有，每个人都可能遇到淡如这样的事，这时候你就要学学淡如的策略，把罚酒、敬酒一起端上桌，让对方自己选择，这样一来恐怕没有什么事是解决不了的。

"罚酒"与"敬酒"作为一种谋略，或者作为一种交际手段，无论何种场合都不可偏废，如果你能一边体现友善、通情达理，一边显示尊严和力量，那你就一定会在交际中大获成功。

5. 做个正确化解社交冷遇的聪明人

社交中受到冷遇很常见，但如果你不懂得化解冷遇，就会使社交受到极大影响。拂袖而去或纠缠不休都不是办法，真正的聪明人要能根据受到冷遇的不同情况来做出不同反应。

冷遇无非分为以下三种情况：

一是自感性冷遇，即自我估计过高，对方未使自己满意而感到冷落。

二是无意性冷遇，即对方考虑不周，顾此失彼，使人受冷落。

三是蓄意性冷遇，即对方存心怠慢，使人难堪。

当你被冷落时，要区别情况，弄清原因，再采取适当的对策。

对于自感性冷遇，自己应多做自我反省，实事求是地看待彼此关系，避免猜度人和嫉恨人。

常常有这种情况，在交际赴会之前，自以为对方会热情接待，可是到现场却发觉，对方并没有这样做，而是采取了低调。这时，心里就容易产生一种失落感。

其实，这种冷遇是对彼此关系估计过高、期望太大而形成的。这种冷遇是“假”冷遇，非“真”冷遇。如遇到这种情况，应重新审视自己的期望值，使之适应彼此关系的客观水平。这样就会使自己的心理恢复平静，心安理得，除去不必要的烦恼。

老吴到多年不见面的一个老战友家去探望。这位老战友如今已是商界的实力人物，每天造访他的人很多，感到很疲劳，大有应接不暇之感。因此，对一般关系的客人，一律不冷不热地接待。

老吴以为会受到热情款待，不料遇到的是不冷不热，心里顿时有一种被轻慢的感觉，认为此人太不够朋友，小坐片刻便借故离去。他怨气冲天，决心再不与之交往。后来才知道，这是此人在家待客的方针，并非针对哪个人的。他再一想，自己并未与人家有过深交，自感冷落，不过是自作多情罢了。于是采取主动姿态与之交往，反而加深了了解，促进了友谊。

对于无意性冷遇，应理解和宽容。在交际场上，有时人多，主人难免招待不周，特别是各类、各层次人员同席时，出现顾此失彼的情形是常见的。这时，照顾不到的人就会产生被冷落的感觉。

当你遇到这种情况，千万不要责怪对方，更不应拂袖而去，而应设身处地为对方着想，给予充分理解和体谅。

比如，有位司机开车送人去做客，主人热情地把客人迎了进去，却把司机冷落在门口。开始司机有些生气，但转念一想，在这样闹哄哄的场合下，主人疏忽是难免的，并不是有意看低自己、冷落自己。这样一想气也就消了。

等主人突然想起司机时，他已经吃了饭且又把车停在门外了。主人感到过意不去，一再道歉。见状，司机连说自己不习惯大场合，又不能喝酒。这种大度和为主人着想的态度使主人很感动。事后，主人又专门请司机来做客，从此两人关系不但没受影响，反而更密切了。

这种和善的态度引起的震撼，会比责备强烈得多，同时还能感召对方改变态度，用实际行动纠正过失，使彼此关系更加和谐。

对于有意性冷遇，也要具体情况具体分析，给予恰当处理。一般来说，当众给来宾冷遇是一种不礼貌行为，而有意给人冷落那就是思想意识问题了。在这种情况下，予以必要的回击，既是自尊的需要，也是刺激对方、批判错误的正当行为。当然，回击并不一定非得是动手动脚、大吵大闹不可。理智的回敬是最理想的方法。

有这样一个例子：一天，纳斯列金穿着旧衣服去参加宴会。他走进门后，没人理睬他，更没人给他安排座位。于是，他回到家里，把最好的衣服穿起来，又来到宴会上。这一次主人马上走过来迎接他，安排了一个好位子为他摆上了最好的菜。

纳斯列金把他的外套脱下来，放在餐桌上说：“‘外衣’，吃吧。”

主人感到奇怪，问：“你干什么？”

他答道：“我在招待我的外衣吃东西。我穿旧衣服来时，没人理睬我，换了新衣服后，立刻被奉为上宾，你们的这酒和菜不是给衣服吃的吗？”

主人的脸刷的红了。纳斯列金巧妙地把窘迫还给了冷落他的主人。

还有一种方式，就是对有意冷落自己的行为持满不在乎的态度，以此自我解脱。有时候，对方冷落你是为了激怒你，使你远离他，而远离又不是你的意愿和选择。这时，聪明的人会采取不在意的态度，“厚脸皮”地面对冷落，我行我素，以热服冷，以有礼对无礼，从而使对方改变态度。

冷遇确实令人感到尴尬，但却是在社交中每个人都会遇到的事情，所以你必须学会化解它，这样你才能适应各种社交环境。

 6. 别忽视重要人物旁边的小人物

古人说“爱屋及乌”，这就是在告诉你，与一位重要人物交往时，也别忽视了他周围的人与物，不管那些人与物的地位有多低，你也都要照顾好，不然就会吃大亏。

举个例子来说，一些人对所养的宠物百般呵护，即使不是良种也依旧视为至宝。对待宠物就像在疼爱子女，满怀耐心与爱心地为它们洗澡，带它们出外蹓跶，这种情感不是外人能体会的。

所以，只要你明了这点，便会懂得在与人交往时，对象绝非仅仅是一个人。即使你心中暗想“它只不过是一条狗”，也不可对主人宠爱的家犬敷衍，尤其拜访上司的府舍时，更务必牢记与上司饲养的动物打声招呼，否则会产生你意想不到的惨痛后果。

有一位剧团里的丑角演员，他曾经因为不了解这点的重要性而犯了大错误。

他老师的家中，饲养了一只可爱又娇小的京叭，不知为何缘故，每当他到老师府舍拜访时，这只京叭狗总是怀着恶意对他狂吠，因此他对这条狗产生反感。就在某次老师家中无人时，他将这只狗带至郊外，一面指着狗怒骂“你这只可恶的长毛东西”，一面对其拳打脚踢，把平日

所积压的不快一股脑儿地全发泄出来。

演员背后的辛酸总是不为人知，也许是因为平日在幕后受到太多的压抑，才会把宠物狗当作出气筒。

那只狗自从殴打事件后，对他更是怀有敌意，尔后每当他一来造访，总是狂吠不停，直至他离去为止。

对狗深爱有加的师母，觉得事态不对，便询问他："你对我家的小狗做了些什么事？"他心中暗想"它只不过是一条狗"，也就一五一十坦白地述说原委。不消说，他倒大霉了。等到他明了"虽然它只是一条狗，却是一只有来头的狗"时，事态已经无可挽回。

昔日赞叹他有才干、懂进退的老师和师母，自从发生了这件虐待动物的事件后，便认为他是"伪善君子"，对他的印象也大为扭转。

以业务员来说，一个优秀的业务员必须得到客户公司女职员（服务台小姐或秘书小姐）的好评，才可能进一步地获得期望的目标。至于想拥有这些女孩的好感并不困难，你不妨对她们说些切身之事，如"你的发型变了！"或"你今天不舒服吗？怎么看起来无精打采？"之类令人听完之后感到颇为温馨的言语，倘若有机会，最好还能在适当的时机送份小礼物，做真心实意的交流。

这种思虑周密、费神用心的态度，就是你受众人欢迎的一大秘诀。当然，你必须知道适可而止，否则会让她们产生"对自己有特殊好感"的误会。更重要的是，要对所有的女性一视同仁，绝不可仅限于某些人。

在交际中，千万不要犯"打狗不看主人"的错误，你应该随时提醒自己这一点，爱屋及乌。

第六章

选择贵人作为社交对象

社交高手固然能够“水煮四海鱼，交往八方客”，但也决不是见什么人交什么人，而是有所选择。俗话说，人往高处走，水往低处流，你的社交圈子里的人如果水平、地位都比你高，你的个人品位也会随之得到提升，反之亦然。因此，有所选择地进行社交活动，不仅可以提高社交效率，还能使自己的事业、人生得到意想不到的帮助。

1. 借用名人的名望

美国历史上出现过两个罗斯福总统，老罗斯福是西奥多·罗斯福，小罗斯福是富兰克林·罗斯福。老罗斯福与小罗斯福是叔侄关系。

小罗斯福入哈佛大学以后，一直想出人头地。哈佛大学同美国其他大学一样，把体育活动放在很重要的位置，可罗斯福的体格使他不能在这方面有所发展。他太瘦弱了，身材较高，但体重却不及常人。因此，橄榄球队、划船队都未能入选，只能干个“拉拉队”队长。看来他在体育方面是毫无出路了，小罗斯福决定另谋他途。

他看中了哈佛校刊。做校刊的编辑是引人注目的，然而这并非易事。为了达到目的，他巧妙地利用了其堂叔老罗斯福的影响。

老罗斯福当时正担任纽约州州长。小罗斯福来到堂叔家里，称哈佛学生都很崇拜老罗斯福，尤其想听听老罗斯福的演说，一睹州长的风采。老罗斯福一高兴，就来到哈佛发表了一场演说，演说从头至尾都是小罗斯福一手操办，而且演说完后，老罗斯福又接受了小罗斯福的独家采访。这样一来，校刊编辑部便注意上了小罗斯福，认为他有当记者的天才，于是聘用他做了助理编辑。

不久，他的堂叔作为麦金来的竞选伙伴与民主党的布赖恩竞选总统。哈佛大学校长的政治倾向自然是引人注目的。小罗斯福决定再充分利用这次机会，向主编提出要采访校长。主编认为这是徒劳，而小罗斯福却坚持要试试看。

校长接见了这位一年级的新生。面对威严的校长，小罗斯福并没有被吓倒，他坚持要校长表明自己将投谁的票。校长很赏识他的勇气，高兴地回答了他的问题。小罗斯福因此名声大噪，不但哈佛校刊上刊登了小罗斯福采写的独家消息，全国各大报纸也纷纷转载，小罗斯福一时成为人们街谈巷议的话题。临近毕业时，他当上了哈佛校刊的主编。

小罗斯福大学毕业时，除哈佛圈子里的人外，公众们谁也不知道他。1904 年，他不顾母亲的反对，宣布与远房表妹订婚。1905 年，他们在纽约举行了盛大婚礼。小罗斯福特别邀请了在总统任上的老罗斯福参加。举行婚礼那天，宾客如潮，但大部分人是为瞻仰总统风采而来。经过这次婚礼，小罗斯福的名气更大了。

可见，借“虎”之威办事并没有什么不好。小罗斯福巧借堂叔的力量和威名，抬高自己，达到了出人头地，引人注目的目的。这便是借名人名望之威，办成大事的成功范例。

其实借名人名望不一定单是指有权有势的大人物，也许是一个组织或者协会，它的梦想和观点与你的一模一样。通过跟别人携手合作，同心协力，你就能够制造出这样一种新局面，西方国家许多企业家通过支持“适当”的候选人，就可以创造出一位有权有势的伙伴。正因为这个原因，富人常常慷慨解囊，捐出大笔大笔金钱，以便扶持一个供他们驱使实现政治目的得力帮手。

或许你的职位，你的才智，或者是你的工作都微不足道。然而，如果你为一位能够呼风唤雨、有权有势的雇主工作，你就不再仅仅是一位无能为力的孤家寡人了。

总之，只要你眼光够远，思路够开阔，你就会发现你有很多可以借助的“虎威”。而且以今人的眼光来看，借用名人名望也并没有什么不好，一个人能利用一定的关系帮助自己，这也证明了他有惊人的勇气和过人的头脑。

 2. 与重要人物经常沟通

我们知道要得到重要人物——也就是你的贵人的帮助，就要与他建立良好的关系，但与贵人建立关系却不是一朝一夕就能做到的，必须经常保持联系。有事没事打个电话或者登门拜访，都能让你们“日久生情”。

某市商人张某是个脑子非常活络的人，而且人脉非常广，他认识的人遍及三教九流，不管现在用得着用不着，他都不怠慢。比如说有一位劳动局李局长，虽然两人认识两年多，张某从未求过李局长什么事，但请客吃饭，逢年过节总不忘李局长。也有朋友对张某说：“咱们商人重的是利，有利可图的事儿才去做，你呀交起朋友来漫无目的，你说那个李局长能帮你什么忙，犯得着和他那么热乎吗?”张某却说：“这都是说不准的事！你知道哪天能用到谁啊，我自有我的道理。”就在这次谈话后，不久，韩国一家DVD制造厂希望从中国招一批工人，但因为不熟悉这方面的情况，就把代理权交给了张某。张某拿到代理权后直接就去找李局长，由于这件事既符合政策规定，又有张某的人情，李局长很

快就批了下来，各项手续也都毫不耽搁，不到两个月，整项工作就顺利完成，180 名工人整装待发，韩国方面对张某的办事效率大为赞赏，其他几家会社也都将代理权交给了张某。

这个故事给了我们这样一个启示：平时要不断寻找机会与贵人沟通交流，哪怕你现在没有事情求助于人，也要经常进行情感投资，巩固你们的关系。

法国有一本名叫《小政治家必备》的书。书中教导那些有心在仕途上有所作为的人，必须搜集 20 个将来最有可能做总理的人的资料，对他们的兴趣、好恶、性格都得一一在心。然后有规律地、按时去拜访这些人，和他们保持较好的关系，这样，当这些人之中的任何一个当起总理来，自然就容易记起你来，大有可能请你担任一个部长的职位了。

这种手法看起来不大高明，但是非常合乎现实。一本政治家的回忆录中提到：一位被委任组阁的人受命伊始，心情很是焦虑。因为一个政府的内阁起码有七八名阁员（部长级），如何去物色这么多的人来适合自己？这的确是一件难事，因为被选的人除了有适当的才能、经验之外，最要紧的一点，就是“和自己有些交情”。要和别人有交情才容易得人赏识，不然的话任你有天大的本事，别人也不知道。

A 先生曾担任某公司总经理，每年年底，礼物、贺卡就像雪片一般飞来。可是当他退职离休之后，所收的礼物只有一两件，贺年卡一张也没有收到。以往访客往来不绝，而这年却寥寥无几，正在他心情寂寞的时候，以前的一位下属带着礼物来看他，在他任职期间，并不很重视这位职员，可是来拜访的竟是这个人，不觉使他感动得热泪盈眶。

过了二三年后，A 先生被原来公司聘为顾问，当然也就很自然地重用提拔了这位职员。

与贵人没事也要常联系，否则，当你哪天需要贵人帮助的时候，再去“临时抱佛脚”，关键时刻找不到人可就后悔晚矣。“晴天留人情，雨天才好借伞”。对贵人多做一些感情投资你绝对不会吃亏。

3. 开辟连接贵人的社交通道

在生意场上，初创业者往往起步艰难，如果能通过一定的社交渠道得到某大老板的青睐，那么对自己的事业就会大有帮助，因此我们有必要学学结交大老板的窍门。

(1) 从贵人的社会关系着手

大公司的老板或知名老板是很难与一般老板会面的，但是，若能与他们合作或与他们交上朋友那真是很荣幸也是很珍贵的，因为从他们那里你会大开眼界，学到许多你平常学不到的东西。

要与大老板交往，最基础的工作就是要掌握大老板的社会关系。

大老板也是人，他们有各种社会关系，有各种各样的业务，也有各种各样的喜好、性格特征。特别是现代媒体，经常关注一些大老板的情况，从中你定会了解大老板的一二。

人都有各种各样的社会关系，大老板亦如此。你可以从他的简历中认识他的过去、他的经历、他的祖辈、父辈，也可以从他的亲属、他的朋友、他的子女那儿认识了解他。

从业务上了解大老板也是一条好途径。他经营的业务范围主要是哪些，他的分公司、子公司分布在什么地方，这些公司的经营者是谁，他多长时间会查看分公司、子公司，等等。

还可以从兴趣爱好上了解大老板。他喜好什么运动、什么物品、什么性格的人，他喜欢或经常参加什么聚会，他休闲、娱乐的方式有哪些，常到什么地方，等等。

总之，要结交一个大老板又没有机会的时候，你不妨从以上几方面去了解，总会发现一些机会的。

(2) 初次见面要引起贵人关注

当你发现了或者制造了与大老板见面的机会后，最重要的便是如何引起他对你的关注。因为，在众多的人物当中，也许你只是普通一员，说不定连话都跟大老板说不上。

在共同出席的会议或聚会上，选择位置时，一定要选择一个与大老板尽可能近的位置，以便他能发现你，并且一有机会便可搭上关系。

同时，要以穿着表现自己的个性，因为与人第一次交往，别人往往是从服饰上得来第一印象。着装要表现个性、特色，使人一目了然。

要尽快发现对方关注点，找到适当的话题，抓住对方的注意力，刺激对方对自己的兴趣，话语要力求简洁、有独创性，使对方产生震动，留下较为深刻的第一印象。胡先生是一家商贸公司的老板，业务面非常广。最近他一直在争取某化妆品的省内代理权，可没门没路谈何容易。一天，胡先生听说该公司老板会出席一场宴会，他马上穿戴整齐，赶了过去。宴会中，一大群人围着那个老板聊天，胡先生则在旁边竖起耳朵听他们讲话。当他们谈到化妆品市场不景气时，胡先生立刻插话说："女人永远也离不开化妆品，无论怎样高档的化妆品也不愁找不到消费者，不是市场不景气，是我们的销售出了问题。"这番话立刻吸引了那位老板的注意，两人整整聊了一个小时。两个星期后，胡先生拿到了该化妆品的销售代理权。

（3）巧用方法赢得贵人的青睐

适当展示自己的能力是赢得大老板青睐的好方法。大老板一般都喜才、爱才，如果你一贯表现出对他意见的赞同，不敢表现自己独特的见解，他会觉得你唯唯诺诺是个庸才。因此，适当表现自己的独特才干，是会受大老板喜爱的。但是你不能表现得太过锋芒毕露，让人一见就觉得有喧宾夺主之感。

别出心裁送礼品是联系大老板情感的重要方式。这要针对大老板的具体情况，不能千篇一律，不能委托他人。不一定昂贵就是好礼品，要赠送，就要送他特别喜爱的礼物才是。同时在赠送方式上也要别出心裁，从包装样式、赠送方式都要显得别具一格；有时，你不妨请他的太太代理，或许效果会特别好。

写信是交流思想、联系感情的好方式。随着电讯事业的发展，电脑技术的开发，很多人的联系方式都是通过电话、传真等，很少再看见以书信方式交流了。其实，人人都希望有一位朋友悄悄跟自己说话，书信便是最好的方式。在书信里你不必有过多顾虑，敞开心扉与之交流吧！也许，你只花几分钟，相当于同他交流几小时呢。因为，信给人想象的空间很大很大。另外要注意，尽量手写，不要用电脑打印，以免让人觉得不真诚。

如果能得到一位或几位大老板的青睐，那你必会一飞冲天，一鸣惊人。因此不妨多花点心思和大老板搞好关系，把他们变成能帮助你的贵人，这样的“感情投资”是绝对不会让你吃亏的。

4. 主动接近，让贵人动心

结交贵人时，一定要注意方法。要在了解贵人的基础上，投其所好，这样才能得到他的帮助和赏识。

和士开是北齐清河郡临漳人。他“幼而聪慧，解悟捷疾”，勤于学习而又“倾巧便僻”。

北齐天保初年，高湛得宠，被晋爵为长广王，拜尚书令，不久又兼司徒，迁太尉。地位显赫，权势很大。高湛是齐高祖高欢第九子，虽然在诸子中年纪较小，排序较远，但由于他“仪表瑰杰”，所以高祖“尤所钟爱”，因而被委以重权。和士开见高湛未来当皇帝的可能性很大，便想方设法接近巴结高湛，希望将来能借上这贵人之力。

高湛性好“握槊”，类似后来的象棋。恰好和士开也精于此道，于是他便找机会与高湛游戏。二人棋逢对手，总是斗得难解难分，越玩越上瘾。

高湛还喜欢音乐，恰好和士开又能弹奏琵琶，他经常为高湛弹曲，兴致高时，还往往边弹边唱，那清歌妙曲，尤使高湛着迷。

高湛性喜谈笑，恰好和士开生就一副伶牙俐齿，于是便经常陪高湛闲说，和士开的甜言蜜语，更使高湛开心，二人越谈越投机。和士开吹捧高湛说："殿下非天人也，是天帝也。"高湛也对他说："卿非世人也，是世神也。"二人相交如此，高湛便提和士开为府行参军。

北齐皇建二年（561），孝昭帝驾崩，高湛继承大位，史称武成帝。和士开长期企盼的日子终于来到了。本来，高湛在继位之前与和士开的关系已经火热，即位之后，和士开对他更是"奸谄百端"，因而武成帝高湛视之如心腹，倚之如股肱，宠爱一日胜似一日。和士开得宠的程度，简直是空前绝后的。高湛刚一即位，和士开便"累除侍中，加开府"。后来，高湛简直到了一刻也离不开和士开的地步，"齐主外朝视事，或在内赏宴，须臾之间，不得不与士开相见，或累日不归，一日数入；或放还之后，俄顷即追，未至之间，连倚督促。"对和士开的前后赏赐，更是"不可胜数"。

和士开之所以能够得到高湛的如此宠爱，就是因为他能投其所好，让对方从情感上彻底接纳自己，甚至依赖自己，这也就为自己的升官发财铺平了道路。

然而，投其所好结交贵人，也是要讲究技巧的：

（1）要有分寸，过犹不及

投其所好无外乎两种方式：以物予之，以情感之。第一种主要是指根据贵人的喜好赠送礼品。送礼品时一定要注意，不能选太过昂贵的，不能送的太频繁，只能偶一为之。第二种是指把握贵人的心理，兴趣爱好，从情感上接近他。以情感之，就要注意把握火候、分清眉高眼低，否则就容易引起他的厌烦，让他把你归到谄媚的类别中去。

（2）让你的讨好合情合理

投其所好的最高境界，就是让你的行为看起来合情合理，不露一丝讨好痕迹。比如买的礼品说是别人送的，自家用不上，陪人下棋说是自己有棋瘾等等，这样别人既领了你的情，又不会觉得你太急功近利。

贵人不会随随便便出手相助，想结交贵人、求助于贵人就要用对方法、投其所好。把握了对方的心理、兴趣爱好之后再对症下药，那就可以大大增加攀靠贵人的成功几率。

5. 用“以柔克刚”的策略结交贵人

以柔克刚是最高明的社交艺术。幽默大师林语堂曾说过：中国是女权社会，女人总是在暗地里对男人施加影响，左右着男人的心理情绪和处事态度，无形中便决定了事态发展。因此，结交贵人时，走走“夫人路线”也不失为一条妙计。除此之外，我们还可以通过贵人的父母孩子对贵人施加影响，亲情的作用有时是不可估量的。为什么会这样呢。

(1) 老人、小孩更容易接近

现在的老人被称为空巢老人，他们只能困守家中，没有工作做，聊天找不到听众（儿女上班少有时间），因此，常常感到孤寂。如果有人主动接近老人，哪怕是暂时解除老人的孤寂，老人自然非常乐意。而且，老年人较年轻人柔和、慈善得多，也容易接近。而小孩子单纯，喜新好奇爱动：一个小礼物、一段故事、一个鬼脸、一句表扬就能很快赢得小孩的亲近。

(2) 通过老人、小孩，可以融洽全家

中国人有敬老、尊老、孝老的传统，假如老人心悦神怡，全家便随之活跃和愉快。中国人又十分看重传宗接代，视小孩为家庭的未来，爷辈如此，父辈更甚。况且现代家庭小孩多是独生子，家里人更是哄捧宠爱，如果能和小孩玩在一块儿，家庭融洽自是水到渠成。这样，与老人孩子打成一片，你想攀靠的贵人也会非常高兴，拉近距离，再靠上去就不难了。怎样才能与他们搞好关系呢？首先要主动套近乎，拉家常。谈话是交际中信息交流最直接的手段。进入一个家庭，见到老人、小孩，要想见一面便产生“一见如故”的融洽气氛，登门人应该主动引出话题打开话匣，而不应该等待家庭一方（老人、小孩）搜寻话题勉强问答。因为双方刚刚接触的短时间内，登门人有心理准备更容易找到合适的话题，况且对于老人，你主动开口也表示了尊敬；对于小孩，你主动开口，能表示亲近，消除陌生感。对老人务必态度谦恭、心性美善、行为礼让。这一方面表现你的虚心、诚实，一方面则显出你对长者的尊重、敬仰。小孩欢乐容易哭闹也容易，稍有不适就可导致“风雨满楼”。因此，和小孩交往，必须因情因境，投其所好，把握分寸。要用忠诚、童稚去换取欢悦，千万不能居高临下、装腔作势、虚情假意。

总之，结交贵人头脑要灵活一些，直取不行曲中求，此路不通觅他径，千万不要死钻牛角尖。

6. 老板也可以成为社交圈中的贵人

王熙在一家集团公司的公共部门担任经理助理，他工作的经验和专业知识都非常丰富。在公司的一次人事变动中，公司调来了一位新老板。新老板在人事部门干了三年，成绩斐然，公司也准备重用他。

王熙发现调来的新老板在专业知识上非常欠缺，在与外商进行谈判时也缺乏应有的知识，在上任的头几天，便出了很多洋相。

一天，公司需要接待一位来访的外商，新老板为了表现出足够的重视，决定亲自布置接待场所。王熙发现老板并不知道应该怎样布置鲜花和装饰品，于是，他对新老板说：“老板，这些小事，你根本无需亲自来做，由我代劳吧。”新老板同意了王熙的意见。结果，这次接待活动搞得非常成功。

事后，王熙在与新老板的闲聊中，有意无意地让老板明白各国人的禁忌和偏好，其中还穿插着一些笑话，使这位老板学到了不少专业知识。

一年后，他的老板被提升为集团的副总裁，他指定王熙接替了他经理职务。

王熙可以称得上是一个智慧型的下属，他除了做好本职工作外，还主动出谋划策，向老板提供帮助，成功地把老板变成了提拔他的贵人。与老板的关系，对于每个人来说都是非常重要的。如果你能拉近与老板的关系，把老板变成你的贵人，那么你就能得到老板更多的帮助和眷顾，这对你的个人发展无疑是非常有益的。

那么怎样做才能把老板变成贵人呢?

(1) 充分领会老板意图。为了充分领会老板的意图，当接受老板的指示或者嘱咐的时候，应该问得尽可能清楚一些。不要畏惧，应该以探讨式、带有商量的口吻，把老板意图真正领悟透彻。不要老板简单地说了几句，就以为自己完全理解了。写一份报告、出席一次会议、完成一项任务，老板总会有一定的意图和目的。首先，应该明白这项工作在整个工作中处于什么地位；其次，应该了解老板处于怎样的需求和心理状态；最后，应该根据老板一贯作风和思想来加以完整的理解。

(2) 要向老板表明你的忠心。每个老板都喜欢对自己忠心耿耿的员工，所以，你要抓住机会，随时随地向他表明自己的忠心。

比如，听到公司有小道消息流传，不妨悄悄地告诉老板，以表示自己的忠心。要特别注意自己的措辞和表达方式，言语要简明、直接，比如，可以这样说:“不知你有没有听过这个消息，不过，我想应该跟您说一下……”

(3) 所有的言行都为了向老板表明：我是你的朋友，我会极力地支持你。老板会把这份忠心记在心中，对你产生好感。

避免与老板发生正面冲突。若与老板发生了正面冲突，最终吃亏的肯定是自己。更不要当众与老板争得面红耳赤，因为那样会使矛盾升级。

毕竟对方是老板，当面顶撞会让他因丢失面子而恼羞成怒。应该知道：你只能试着改变自己，因为要老板改变自己的性格几乎是不可能的。

（4）关键时刻能替上司卖力。正所谓，患难见真情。在关键时刻，为老板出力，老板才会更加认识和欣赏你，会认为你是忠诚的。人生的机会可遇不可求，绝对不要错过千载难逢的、可以表现自己的大好机会。当某项工作陷入困境时，如果你能挺身而出，肯定能赢得老板更多的赏识；尤其当老板深陷泥潭时，你若能妙语安慰，甚至伸手拉他一把，老板一定会满怀感激。

（5）适时地为老板说好话。对老板的是非千万不要评论，更不要在背后议论。当别人说老板闲话的时候，应该主动地为其辩护，应该提醒那些批评者：别忘了老板的优点。只有在相互尊重的氛围下，建设性的意见才能产生。若自己也是抱怨者中的一员，首先应该检讨一下自己。通过自我反省，扎扎实实地做好工作。

（6）不与老板争功。美好的东西，大家都喜欢。倘若对自己的事业有相当美好的憧憬，就不要斤斤计较，而应该大大方方地将功劳让给身边的人，特别是自己的老板。与老板争功是不明智的做法。因为这样做了，即使遇到的是一个非常明智的老板，将功劳归于你，但是，他的心里肯定会不舒服，对你的印象当然也好不起来。更何况不是每个老板都是那么明智的。

（7）努力使自己的言行与老板一致。要求员工的言行应该让老板满意，而且能够竭尽全能地去帮助他。比如，他与某一客户关系始终处理不好，员工应该尽力将两者之间的关系缓和。另外，要尽量与老板保持工作习惯上的一致。如果老板习惯一边吃午饭，一边看文件，那么，你也应该将自己午餐的时间缩短。

不必担心与老板拉关系会惹来非议，这其实是非常正常的人际交往，就像老板需要了解下属一样，下属也同样需要了解老板，拉近与老板的关系。

第七章

多交朋友不如善交朋友

俗话说，“多个朋友多条路”，但事实上朋友也并非越多越好，因为社交圈子里的多数朋友，只不过是泛泛之交，与其花费时间、精力、金钱交往太多的酒朋玩友，不如深入交往一些感情、事业、生活上能互相支持的真朋友。

 1. 不能不加选择地滥交友

现实生活中，不是所有的朋友都能肝胆相照，有的人交友就是为了害友。比如说有些人为了达到不可告人的目的，或者是为了实施某种非法行为，不择手段寻找勾引目标。一旦他选中了，便千方百计地拖其下水，使用胁迫、利诱、欺骗、教唆等种种手段使原来品行良好的人走上邪路，直至毁灭。应该说，这类朋友是最可怕的，也是最恶毒的，和这样的人结交无异于自我毁灭。

“孙华被警察带走了！”这个消息惹得同事们议论纷纷，孙华本来是个不错的年轻人，怎么会犯罪呢？原来这都是由于孙华交友不慎引起的。孙华是个很开朗的人，一年前，他在迪厅里认识了一群“好朋友”，他们带孙华吃吃喝喝，跳舞玩乐，没几天孙华就把他们当作了自

己的知己、死党。这群朋友又对孙华灌输了很多“哥们儿义气”，“为朋友两肋插刀”的思想，还带他去打斗、飚车……渐渐地，孙华变了，在公司还能维持彬彬有礼的样子，一出公司就满口脏话，蛮横无礼。他和原来的同学、朋友都断绝了来往，只和新朋友混在一起……2004 年 9 月，公安局打击违法犯罪团伙，他们在孙华家里搜出了二十多包摇头丸和 K 粉，还有大量的铁棍、匕首，孙华因此锒铛入狱。

有一句成语叫“近朱者赤，近墨者黑”，朋友对一个人的影响非常大，一个益友，会拉着你共同进步；一个损友，却可能会把你推入万丈深渊。因此，交朋友一定要精挑细选，千万不要犯孙华那样的错误。

交朋友时，你一定要多问问自己：你为什么要结交朋友？需要结交什么样的朋友？如何选择朋友？在结交朋友的过程中，必须注意哪些问题？只有这样，你才能保证所结交的朋友对你会有帮助，不会因择友不慎而招致麻烦和灾难。

首先，我们在择友时，一定要明确自己的标准，即结交品行端正、心地善良、乐于助人、勤奋上进的人。这样的朋友就是益友，一生中都会对你有很大帮助。有的人以兴趣相投作为惟一标准，而不论对方的思想品行，只讲朋友义气，只要你对我好，我也对你同样好。你敬我一尺，我敬你一丈。你肯为我赴汤蹈火，我也会为你两肋插刀。至于是不是有利于自己，有利于他人和社会，则根本不考虑了。在他的朋友中，既有讲吃讲喝者，又有讲玩讲闹者，甚至还有为非作歹、流氓地痞之类的人。这样一来，难免影响到自己。因此，我们一定要慎重选择朋友，切不可滥交，一定要避免和那些道德品行不端的人结交，免得沾染恶习。

再者，交友结友不在多，而在于质量，多交必滥，这是在中国古代人们对交朋友的经验总结。人们常说：“朋友遍天下，知心有几人？”的确，知音难觅，况且，一个人的精力是有限的，如果不加选择，一味地以多结交朋友为荣，则会整日忙于应酬，把大部分精力都放在与朋友的周旋上，必然影响自己的正常工作、学习和生活。再者，结交的人多了，也必然影响到对朋友的视察和鉴别，如果所结交的人中有品行不端或用心不良者，也很可能给你带来危害。

第三，我们应把结交朋友看作一项十分严肃的事情。当你在结交朋友时，一定要认真对待，绝不可轻率。在与对方交往的过程中，要注意观察其思想、兴趣、爱好、品质和行为，掂量一下是否值得结交。当然，这里并不强求朋友是各方面都比自己强的人。“毋友不如己者”。就是说不要和不如自己的人交朋友，这种观点虽然带有很大的片面性，但也说明了交友的道理不可轻率。因为朋友之间本是互有短长的，在这方面你有优点，在其他方面他有特长，朋友相处，长短互补，这也是交朋友的益处之一。孔子的意思是要交思想纯净，品德高尚的人，向这样的人看齐。还要注意，看朋友是不是值得结交，并不是不允许朋友有缺点，人无完人，朋友也是如此。只要你所结交的朋友品行端正，能够真心帮助你，不至于对你有害，就可以了。

现实生活中，我们总要和各种各样的人交往，正所谓“人上一百，形形色色”，这里面既有谦谦君子，也有行为不端的小人。我们不能为了求“量”就忽略了“质”，朋友虽然多多益善，但还是要审慎一点，免得事到临头“好朋友”跑得一干二净，有的甚至回头“咬”你一口。

2. 真诚相待才有真朋友

小陈总觉得自己朋友不少，但真有什么事时，他却很难找到愿意帮他的朋友，所以他常抱怨自己的朋友“不够意思”。然而，小陈不知道，他的朋友也常批评他“不够意思!”比如，他的大学同学王某说，“小陈这个人不值得交往，他对朋友的态度从小事儿上就能看出来，上学时我不小心碰碎了玻璃黑板，他生怕老师误会他，还没等我主动承认错误呢，他就先跑去报密了，把我弄得被动极了！”他的同事赵某也说，“小陈太不够意思了，跟他同享福行，共患难就没戏了！有了好事就‘哥们儿’长‘哥们儿’短的，要是碰上了麻烦，他马上就和我们划清界线，生怕连累了他。平时油腔滑调的，把朋友义气说得那么好听，遇上事儿他一下子就跑了。他跟我们来虚的，我们又何必对他讲义气呢？平时面上过得去就行了，跟他太实诚了准吃亏！”

小陈对朋友总是留个心眼，无法对朋友保持忠诚，结果没有人把他当成是真正的朋友，遇到事情也没有人肯帮他，可以说在交友这方面他做的是相当失败的。圣经上说：“忠诚的朋友是无价之宝。”忠诚的朋友可以丰富我们的生活，但要得到朋友的忠诚，我们就必须敞开心扉，对朋友坦诚以待，这样才能换来朋友真挚的尊敬。

忠诚的朋友完全承认你的自主权，从不干涉你的所作所为。他只会带给你安全感，这种安全感来自真诚的友谊。

这里有这样一个动人的故事。一位先生，他的一个朋友坐了牢。这位朋友既不是行凶抢劫犯，又不是强奸杀人犯，更不是纵火犯，只不过是因为做生意时无意中触犯了法律。这位先生当时不知道自己的朋友进了监狱，当他打电话到对方的办公室得知此事以后，便在星期六清晨，开车跑了60多公里路去探望他。到那以后，由于探监的亲属人多而未能看到朋友。第二个星期六清晨，他又去了一次。可是这次监狱方面要求他办个通行证。第三次虽然又遇到别的障碍，但他还是想方设法要见朋友，却没想到他的朋友因为感到羞愧，不愿见他。可他依然满不在乎，径直往监狱里走去，像在咖啡馆里一样自然，终于跟朋友会了面。朋友获释后，两人继续保持着友好关系。当这位朋友谈到自己在监狱的经历时，他只是静静地听着，不提问，不做任何评价。于是这位先生被他的朋友称为“最可信赖的朋友”。

最感人的还要算古希腊民间传说中的达蒙和皮斯亚斯之间真诚的友情：皮斯亚斯由于反抗君主被判死罪，达蒙用生命作担保使他能回家料理私事及与家人告别。但是，执行死刑的日子快到了，而皮斯亚斯却还没有回来。君主嘲笑皮斯亚斯的忠诚，说达蒙是个傻子，把友情看得过重，白白为朋友洒热血。君主还说如果达蒙能真正了解人的本性，他会明白现在皮斯亚斯早已逃之夭夭了。执行死刑的那一天，正当达蒙被押上刑场时，皮斯亚斯赶到了，他十分激动地冲上前去，上气不接下气地解释自己是由于洪水而迟到的。两个朋友亲切地互相问候，做了最后的告别，场面非常动人。君主被他们的真挚友谊深深感动了，宽恕了皮斯亚斯。并带着羡慕的口吻说："为获得这种友情，我甘愿献出我的王国。"

如果你对朋友并不是真心实意，此刻不是惩罚自己的时候，而应从中汲取教训，抓紧时机表达你的真诚友情才是最好的补救方法。

如果你对他忠诚，那么你就找到了一位忠诚朋友。然而，不是每个朋友都能成为这种"宝石"，

所以，你的手中一定要有一块试金石。

常言道："物以类聚，人以群分"，也就是说是什么样的人就和什么样的人在一起，因为他们价值观相近，所以才凑得起来。即《易经》中所说的"同声相应，同气相求"。所以性情耿直的就和投机取巧的人合不来，喜欢酒色财气的人也绝对不会跟自律甚严的人成为好友。因此人们常说观察一个人的交友情况，大概就可以知道这个人的性情了。

没有真诚便没有真正的友谊，如果你希望朋友对你推心置腹，那么就不要以自己的圆滑和虚伪作条件，换取朋友的友情，坦诚地伸出你的双手吧，这样你才能得到真正的好朋友，才能有个好人缘。

3. 世上没有永远的仇人

在一个市场里有两个紧挨着的摊位，左边的甲经营着肉类产品，右边的乙则专卖各种调料。按理说两人应当是井水不犯河水，但因为刚来

时两家抢摊位发生过一次争执，所以两个摊主就结下了仇，谁看谁都不顺眼，经常互相找碴争吵。一次乙不小心碰歪了甲的肉案子，甲就不依不饶地大骂一通。正在这时，一个顾客要买几斤猪肉，甲刚要下刀切，乙就在一旁阴阳怪气地说起话来，“要说买肉啊，还真得选对地方！听说现在有些不法商贩不是在猪肉里注水，就是拿没经过检疫的肉当好肉卖，不小心不行啊！”那个顾客听了这番话连忙朝甲摆手说不买了！甲气得把刀往案板上一摔，就跟乙对骂起来，闹到最后又动起了手。商场管理员把他们带走了，并按规定没收了他们的执照，把他们清理出市场，两人这时才后起悔来：何必把仇结得这么深呢，现在闹到两败俱伤，对谁也没好处啊！

甲乙二人的悔悟来得太晚了，如果他们能早点化敌为友，又何至于闹到如此下场。俗话说：多个朋友多条路，多个敌人多堵墙。人人都明白这个道理，但一旦别人得罪了你，仍免不了耿耿于怀。看到这个人时，轻则如同陌路、视若无睹；重则似仇人相见，分外眼红。其实世上没有永远的仇人，报复心不利于人际交往，你应该学着放弃仇恨，原谅你的敌人。

一个人走在山路上，忽然看见有个皮袋子横在路中间，他走过去随便踢了一脚，可奇怪的是皮袋不但没被踢开，反而还变得更大了。这个人很生气，就又狠狠踢了一脚，可皮袋变得更大了。这个人在暴怒中一脚又一脚地踢过去，可那个皮袋子竟然大得几乎把山路堵上了。正在这时，一个老人走了过来，“年轻人，快放开它走你的路吧，它叫仇恨袋，你越想报复它，它便越大，你不理它，它自然就变小了。”

冤冤相报何时了，仇恨只会加深彼此的对立，加重生活的不安与忧虑，于人于己两不利。所以我们应当学会用大度和宽容去原谅敌人。

在一个偏远的山村，王姓与金姓两家是三代世仇，两户人家一碰面，经常演出全武行。有一天傍晚，老王与老金从集市里回来，碰巧在返村的路上遇见了。两个仇人一碰面，倒没有开打，不过，也各自保持距离，互相不答理对方。两人一前一后走在小路上，相距约有几米之远。

天色已经相当暗了，是个乌云蔽月的夜晚，走着走着突然老王听见前面的老金“啊呀”一声惊叫，原来是他掉进溪沟里了。老王看见后，连忙赶了过去，心想：“无论如何总是条人命，怎么能见死不救呢!”

老王看见老金在溪沟里浮浮沉沉，双手在水面上不断挣扎着。这时，急中生智的老王连忙折下一段柳枝，迅速将枝梢递到老金的手中。

老金被救上岸后，感激地说了一声“谢谢”，却发现，原来救自己的人居然是仇家老王。

老金怀疑地问：“你为什么要救我?”

老王说：“为了报恩。”

老金一听更为疑惑：“报恩？恩从何来?”

老王说：“因为你救了我啊!”

老金丈二和尚摸不着头脑，不解地问：“咦？我什么时候救过你啦?”

老王笑着说：“刚刚啊！因为今夜在这条路上，只有我们两个人一前一后行走。刚才你遇险时，倘不是你那一声‘啊呀’，第二个坠入溪沟里的人肯定是我了。所以，我哪有知恩不报的道理呢？因此，真要说感谢的话，那理当先由我说啊!”两人的双手紧紧握到了一起，山村生活重新恢复了平静。

人与人之间没有什么事是不能和解的，就像老王和老金一样，只要伸出和解之手，化解彼此心中的怨恨，我们就会减少一个敌人，多一个肝胆相照的好朋友。

另外，我们也应该明白，人与人之间只有合作才能共同获益，互相扯后腿互相对立，对谁都没有好处。美国竞选时，对手之间相互攻讦，甚至败坏对手的名声，但仍可在对手所组内阁中担任重要职务，对人性的协调不能不说是一种启示。能够与你成为对手的人，必定有着与你能够分庭抗礼的能力和实力，你能原谅你的仇人吗？由林肯委任而居于高位的人，很多都是曾批评或者羞辱过他的政治对手，正是有这样的胸怀，林肯才得以统一南北美。

可是，如果你用报复和仇视对待对手，你会招致一个什么样的局面呢？它将使你的敌手更坚定地站在你的对立面，去阻挠、破坏你的行动，破坏你创造的一切成果。而你，也会因为心中充斥报复的愤怒无暇他顾，你的思想和目标又如何能实现呢？“如果有可能的话，不应该对任何人有怨恨的心理。”德国哲学家叔本华也如是说。

原谅你的敌人不是软弱，而是聪慧大度的表现。一个人如果想有好人缘，想在社会上吃得开，就要学会化敌为友、求同存异。这样才能扩大交际面、广泛进行合作，而更重要的是，大肚能容天下人，你的路子才会越来越宽。

4. 朋友的力量是永远的财富

朋友的力量是你永远的财富；而失去了朋友的人生则会变得黯淡无光，找不到生活的希望和乐趣。

杰克·伦敦的童年，贫穷而不幸。14 岁那年，他借钱买了一条小船，开始偷捕牡蛎。可是，不久之后就被水上巡逻队抓住，被罚去做劳工。杰克·伦敦找机会逃了出来，从此便走上了流浪水手的道路。

两年以后，杰克·伦敦随着亲戚一起来到阿拉斯加，加入到淘金者的队伍。在淘金者中，他结识了不少朋友。这些朋友中三教九流什么人都有，而大多数是美国的劳苦人民，虽然生活困苦，但是在他们的言行举止中充满了生存的活力。

杰克·伦敦的朋友中有一位叫坎里南的中年人，他来自芝加哥，他的辛酸历史可以写成一部厚厚的书。杰克·伦敦听他的故事经常潸然泪下，而这更加坚定了杰克·伦敦心中的一个目标：写淘金者的生活。

在坎里南的帮助下，杰克·伦敦利用休息时间看书、学习。1899年，23岁的杰克·伦敦写出了处女作《给猎人》，接着又出版了小说集《狼之子》。这些作品都是以淘金工人的辛酸生活为主题的，因此，赢得了广大中下层人士的喜爱。

杰克·伦敦渐渐走上了成功的道路，他的书非常畅销，这也给他带来了巨额的财富。

刚开始的时候，杰克·伦敦并没有忘记与他同甘苦共患难的淘金工人们，正是他们的生活给了他灵感与素材。他经常去看望他的穷朋友们，一起聊天，一起喝酒，回忆以往的岁月。

但是后来，杰克·伦敦的钱越来越多，他对于钱也越来越看重。他甚至公开声明他只是为了钱才写作。他开始过起豪华奢侈的生活，而且大肆地挥霍。与此同时，他也渐渐地忘记了那些穷朋友。

有一次，坎里南来芝加哥看望杰克·伦敦，可杰克·伦敦只是忙于应酬各式各样的聚会、酒宴和修建他的别墅，对坎里南不理不睬，一个星期中坎里南只见了他两面。

坎里南头也不回地走了。同时，杰克·伦敦的淘金朋友们也永远地从他的身边离开了。

离开了生活，离开了写作的源泉，杰克·伦敦的思维日渐枯竭，他再也写不出一部像样的著作了。于是，1916年11月22日，处于精神和金钱危机中的杰克·伦敦在自己的寓所里用一把手枪结束了生命。

一位作家说过这样的话："谁也无法单枪匹马在社会的竞技场上赢得胜利、获得成功。换句话说，他只有在朋友的帮助和拥护下，才不至于失败。"杰克·伦敦就是因为抛弃了朋友，才落得个悲惨的下场。

社会中有许多靠着朋友的力量而成功的人，如果能把他们的成功过程一一发掘出来，你会发现朋友是一笔多么巨大的财富。

和你的朋友在一起不但可以陶冶性情，提高人格，还可以随时在各方面给你带来帮助。而且，你的朋友往往还会给你介绍许多使你感兴趣、获得益处的同性异性朋友来。在社会上，你的朋友又能随时帮助你、提携你，能把你介绍到本会被拒绝的地方。这些朋友都是诚心诚意的，无论是对于你的生意，还是你的职业都到处替你做宣传，告诉他们的朋友说，你最近又出了什么书；或者说你的外科手术很高明；或者告诉别人，说你是水平极高的大律师，最近又赢了一场官司；或者说你有许多先进的发明；或者说你的业务非常棒。总而言之，真挚的友人没有一个不肯帮你不肯鼓励你的。

如果你知道有人信任你，那是一种极大的快乐，能使你的自信得到格外的增强。如果那些朋友们——特别是已经成功的朋友们——一点都不怀疑你，一点都不轻视你并能绝对地信任你；他们认为，你的才能完全是能够成功的，是完全可创下一番有声有色的事业的，那么，这对于你来说不啻于一剂激励你奋发有为的滋补药。

许多胸怀大志者正在惊涛骇浪中挣扎、在恶劣的环境中奋斗，希望获得一点立足之地时，倘若他们突然知道有许多朋友恳切地期待着他们的成功，那么这个时候，他们将变得更有勇气、更有力量。

有些命运坎坷、经历无数艰难险阻的人，在为成功而奋斗的路途上正要心灰意冷、准备停顿、不再前行时，突然想起他那亲如手足的兄弟曾拍着他的肩膀，告诉他不要让大家失望吗？已经心灰意冷的奋斗者又会重新振作起精神来，重新以百折不挠的意志力和无限的忍耐力继续去争取他们的成功。

俗话说“在家靠父母，出门靠朋友”，多一个朋友就多了几分能量和智慧，也多了一份帮你分担痛苦、分享快乐的源动力，依靠你的朋友那是你一生也用不尽的财富。

5. 别把同行当冤家

小郑在市里一条步行街上开了一间书店，开张三个月后，生意还算不错。可惜好景不长，一个姓胡的商人很快就在街角也开了一间书店，一份生意两家做，自然就没有当初那么赚钱了。小郑气得直跳脚，发誓一定要让对方生意做不下去。他很快就想出了一个吸引顾客的办法：打折。小郑书店的玻璃上贴出了一张宣传单：本店图书除教材外，一律八五折！这之后，书店的生意果然红火了几天，不过胡某也很快想出了对策：本店图书一律八折。小郑一狠心，又贴出了告示：本店部分图书七五折，凡购书满百元者赠送精美礼品！就这样，两家书店打起了“价格战”，两个老板见到对手眼睛都冒火。两个月后，小郑拿起计算器一算账才发现，两个月来，劳心劳力却利润微薄，几乎成了赔本买卖，想来对手也好不到哪里去，不过生意可不能这样做了，他决定与同行和解。两人一商量，胡某提出了个建议：两家书店尽力避免进同类图书，比如一家进教辅，一家就卖漫画杂志，这样就不会出现恶性竞争了。半年下来，两家书店都有赢利，两个老板也成了不错的朋友，经常在一起喝喝茶，聊聊天，交流一下开店的经验，提起过去的争斗，两人都戏称是“不打不相识”。

两家书店如果继续斗下去，难免会弄个两败俱伤。幸亏两家及早醒悟，化干戈为玉帛，才出现了双赢的局面。都说“同行是冤家”，面对同一领域的竞争对手，很多人常常会怒目而视，相互排挤，非要争个你死我活才肯罢休。其实在同行业之间，竞争能够催人奋进，合作也有利于在互惠互利的基础上达成共赢，为大家创造一个良好的经营空间和利润空间。

聚沙成塔，集腋成裘。一个人的力量总是有限的，如果能够与同行业的竞争对手精诚合作，把对手变成朋友则会弥补各自的不足，借“对手”之力，达到双赢的局面。一代奇商胡雪岩就非常注重同行间的合作，他说：“同行不妒，什么事都办得成。”

胡雪岩做丝业生意的时候，同行业就有几家已经相当有规模，而胡雪岩却没有忌妒，倾轧对方，而是设法联络他们。湖州南浔丝业“四象”之一的庞云缯“童年十五习丝业，精究利病……镇中张氏（指张源泰）、蒋氏（指三松堂蒋家）初与公合资设丝肆，大售，众忌其能，斥资以困之。公遂独操旧业……数年舍去，挟资归里，买田宅，辟宗祠，置祀产，建义庄，蔚然为望族。”可见，此人亦非等闲之辈。

胡雪岩为了将自己的丝业做得更大，便寻求对生丝颇为内行的庞云缯的合作。两人携手，资金充足，规模宏大，联系广泛，从而在丝业市场上形成了气候，胡雪岩也得以在华商中把持蚕丝的国际业务。

当然，与对手的合作是以利益互惠为基础的，胡雪岩做生意得到了庞云缯的帮助；反过来，他也向庞云缯传授了经营药业的经验，后来庞氏在南浔开了镇上最大的药店——庞滋德国药店，与设在杭州的胡庆余堂关系密切。

实际上，胡雪岩生意的成功很大一部分也得同行同业的真心合作。胡雪岩的每行生意都有极好的合作伙伴，而几乎他的每一个合作伙伴，都对他有一个“懂门槛”、够意思的评价。由此观之，依靠对手，联合对手的力量非但不会影响到自身的经济效益，更有利于以对方为靠山，发展和壮大自己的力量，保证自己的经营稳步前进。

市场总是一定的。一行生意，同行之间由于经营内容的相同，也就意味着要分享同一市场。对同一市场的分享，也就是利益的分享，因此同行间的竞争也是必然的和不可避免的，而为了各自利益，同行间互相忌妒，以至于由忌妒到倾轧、竞争，成了同行间的常事。在竞争中，或者一方取胜，另一方被迫称臣；或者两败俱伤，第三者得利；或者一时难分胜负，双方维持现状，酝酿新的一轮竞争。这似乎是我们都能理解的，也似乎是我们大家也都能认可的市场规律。

在这种循环中有没有既不触动对方利益、己方又能得利的第三条路可走呢?

胡雪岩走的正是这第三条路。他时时顾及到同行的利益，既为别人留余地，也给自己开财路，保持了稳定的经营，达到了双赢的局面。

由古至今，善于联合对手的商人，总能打开别人难以打开的局面。在新加坡，有个地方叫“好客天国”。这个地方，白天是免费停车场，停满了各种各样的车子。晚上，则是小摊王国，摆满了各式各样的小吃摊，天南海北的风味小吃应有尽有。在这里，顾客随便坐在一家摊位上，吃了这家的食品，如果还想吃其他风味的，摊主马上会派人取来奉上，结账时只要向这家结就可以了。顾客感到非常方便，摊主之间也从未发生利益上的纠纷。这样，彼此合作，相互依靠，既保证了自己的好处又照顾了别人的利益。

而相反，如果一个人只知经营自己的事业，把同行对手全都当做真正的敌人来对待，那么他的利益必然不会长久。

香港漫画家黄玉郎，曾经红极一时，但是他对竞争者残酷无情，对身边助手和旗下员工也不友好，以致在他炒股失手时，竞争对手和周围的人，或高价收购他的股权，或控告他账目作假，或控告他抄袭他人作品，或控告他妨碍他人著作出版。于是，不但公司姓了别姓，别墅和轿车等被政府没收，人还被送进监狱。业界同行都说，这是他过分注重自身利益，不顾他人的结果。所以说，同行之间不仅要竞争，更要合作。依靠对手的力量，将眼光放远，舍小利而逐大利，才能取得最大的利润。

多个朋友多条路，同行未必是冤家，只要你有心，如果你能选对方法，那么同行也能变成帮手，变成你的靠山。当你与同行斗得两败俱伤时，请记住，这并不是理所当然的，你们有更好的相处方式可以选择。

6. 从同乡关系入手拓展社交圈

当今社会人口的流动性很大，许多人离开家乡到异地去求职谋生。身在陌生的环境里，拓展人际关系有一定的难度，那就不妨从同乡关系入手，打开局面。

在外地的某一区域，能与众多同乡取得联系的最佳方式是“同乡会”。在同乡会中站稳了脚跟，跟其他老乡关系处得不错，那就等于交结了一个关系网络。也许，有一天，你就会发现这个关系网络的作用是多么巨大，不容你有半点忽视。

中国的老乡关系是很特殊的朋友关系，也是一种很重要的人际关系。既然是同乡，那涉及某种实际利益的时候，“肥水不流外人田”，只能让老乡“近水楼台先得月”。也就是说，必须按照“资源共享”的原则，给予适当的“照顾”。

既然中国人对老乡有特殊的感情，学会利用同乡关系便可以多几个朋友，更重要的是可以拓宽路子，万一自己在外面有了什么麻烦，也可以有“征讨”别人的资本。那么，该怎样利用老乡关系呢?

(1) 利用乡音作为拉关系的契机

既然是老乡，就必然有共同的特点存在于双方之间，其中很重要的一点就是“乡音”。

清朝末代的大太监李莲英的发迹可以说是运用了此种技巧。

李莲英出身贫苦，个子瘦小，若以当时清朝宫廷太监的标准来衡量，他是根本不够资格的。可一次偶然的机会，李莲英听说在宫廷中有一个太监是他老乡，且是同一村的。于是李莲英大胆地去找了这个老乡。

李莲英当时很穷，没有钱买东西去送礼。他虽然知道这位老乡很重乡情，但怎样才能引起老乡的注意呢?

一天，他瞅准了这位老乡出来当值时才去报名，然后用一口地道的家乡话说出了自己的姓名与籍贯。李莲英的这位老乡听了这声音，身体不由得抖了一下，遂抬头看了看眼前的这位小老乡，心里暗暗记了下来。

后来，在这位老乡的帮助下，李莲英做了慈禧太后梳头屋里的太监，以梳得一头好发型深得慈禧宠爱，最后成了慈禧太后面前的大红人。

李莲英只说了几句话，就博取了对方的注意与好感，但要注意的是，这几句话是家乡话、是乡音，而对方也恰巧是同乡人，且又同处异乡，在这种情况下，李莲英轻而易举地争到了一个机会就不足为奇了。

用家乡话作见面礼，可以说是独树一帜的，它不需要物质上的东西。在这里，有一点相当重要：那就是运用这种方法的场合，最好是在异乡，因为在异乡才会有恋乡情绪，才会“爱乡及人”，这时再来个“他乡遇老乡”，哪有不欣喜之理。对方离乡愈久、离乡愈远，心中的那种情就愈沉、愈深。因此，这种情况下运用“乡音”这种技巧，你就会得到老乡所带给你的种种好处。

(2) 利用乡产作为拉关系的契机

在与老乡打交道时，一般人都会有这样一种想法：既为同乡，理应帮忙，如还用礼物送之，这不太俗了吗？这种想法在某种特定意义上来说，是有一定道理的，但就广义来说，则是谬论。

老乡与其他关系不同之处在于，老乡之间的关系是以地域为纽带的，有一份“圈子”内的情感存在心上。

“乡产”也许是很普通的东西，本身并不贵重，但在“乡产”上所包含的情意却非“外乡人”能看出来、体会出来的。它会起到勾起老乡思乡之情的作用，然后会在这种感情的支配下，对你这位老乡“另眼相待”，照顾有加。你再适时加上句“老家的东西，尝个鲜儿”之类的人情话，效果更佳。

（3）利用乡情作为拉关系的契机

一个人，无论是出自什么原因，离开家乡，离开生他的土地，也许开始并不感到有什么难过，但时间一久，或不习惯当地的生活习俗、或遇到挫折，他就会感到家乡的亲切、家乡的美好。也许，这个时候，一个人才会深深地感到，自己与家乡有割不断、丢不掉的感情寄托，那是支持着游子出外去闯世界的精神依靠。

因此，在游子的记忆深处，有一块属于家乡的领地，也许，现实的生活会暂时把这块领地掩盖起来，而一旦触及了这块领地，那一股思乡潮就会源源不断地涌出来，充满游子的大脑，触及记忆的神经。

老乡见老乡，有事好商量。老乡关系是一笔巨大的人际关系财富，只要你运用得当，你就会广结人缘，需要老乡帮忙的时候，你就可以“近水楼台先得月”，涉及某种实际利益时，老乡当然不会让“肥水流入外人田”。如此看来，搞好老乡关系，不但可以多结交朋友，更重要的是可以获得很重要的东西，也许可以让你一辈子受益无穷。

第八章

领导是人际关系中非常重要的一环

对于上级领导，不管你喜欢还是讨厌，是崇敬还是鄙视，他都是你必须面对和交往的人。重要的是，你职业生涯的前途大半操控在他的手上。因此，处理好与上司的关系是一个社交高手必须做到的。

1. 获得领导器重的交际原则

对于上班族来说，能否得到领导的器重是一件十分重要的事情，因为领导掌握着下属的“生杀”大权，有时甚至会决定一个人一生的命运。在一个单位中如果得不到领导的器重，就会平白丧失许多机遇，这是每一个上班族的人都不愿意遇到的事情。当然，想得到领导的器重，也不是轻而易举的事情，这需要下属平时在工作中，尤其是处理与领导的关系时努力做好以下几个方面的事情。

（1）勇于担当重任

作为领导，他关心的是怎样才能创出政绩。诚然，政绩的取得离不开下属的配合。一个单位的工作涉及方方面面，单靠领导一个人是根本无法做好的。这时候，领导会把一些工作分配给下属去做。一般情况下，谁都想少出点力，多捞点好处。但是，对于领导来说，单位中一些吃苦受累的重活必须有人替他分担，在别人推脱的时候，如果你站出来替领导把重担挑起来，领导必定会对你刮目相看。因为大多数领导都不喜欢那些在工作上和他讨价还价的下属，他只欣赏那些能为他着想，为他分担重任的下属。

（2）干好本职工作

工作做得好坏是领导对下属的一个评判标准，在一个单位中，每个岗位的工作都与本单位的整体利益有直接关系。如果有一个岗位的工作没有做好，它必然影响到整体利益。

干好本职工作是下属受到领导器重的前提。对于一个连本职工作都干不好的人，有哪个领导会喜欢呢？

一般情况下，领导都很赏识聪明、机灵、有头脑、有创造性的下属，这样的人往往能出色地完成任务。

所以说，要想得到领导的器重，你必须把本职工作干好。

（3）学会把功劳让给领导

中国人在讲自己的成绩时，往往会先说一段套话：成绩的取得，是领导和同志们帮助的结果。这种套话虽然乏味得很，却有很大的妙用：显得你谦虚谨慎，从而减少他人的忌恨。

好的东西，每一个人都喜欢，越是好吃的东西，越是舍不得给别人，这是人之常情。要是你有远大的抱负，就不要斤斤计较成绩的获得你究竟占有多少份，而应大大方方地把功劳让给你身边的人，特别是让给你的上级。这样，做了一件事，你感到喜悦，上级脸上也光彩，以后，少不了再给你更多的建功立业的机会。否则，如果只会打眼前的算盘，急功近利，则会得罪身边的人，将来一定会吃亏。

但需要注意的是让功一事不能在外面或在同事中张扬，否则不如不让功的好。对于让功的事儿，让功者本人是不适合宣传的，自我宣传总有些邀功请赏、不尊重上司的味道，千万使不得，宣传你让功的事儿，只能由被让者来宣传。虽然这样做有点埋没了你的才华，但你的同事和上司总会一有机会设法还给你这笔人情债，给你一份奖励的。因此，做善事就要做到底，不要让人觉得你让功是虚伪的。

（4）要学会交谈

作为下属，即使自己才华横溢，也不要在领导面前故意显示自己，不然的话，会让领导认为你是一个自大狂，恃才傲慢，盛气凌人，从而使他在心理上觉得你难以相处，彼此间缺乏一种默契。

领导也需要从下属的评价中，了解自己的成就以及在下属心目中的地位，当受到称赞时，他的自尊心会得到满足，并对称赞者产生好感。因此，你在交谈时，对于领导的优点、长处，可以毫无顾忌地表示你的赞美之情。

谈话时尽量寻找自然、活泼的话题，令他充分地发表意见，你适当地作些补充，提一些问题。这样，他便知道你是有知识、有见解的，自然而然地认识了你的能力和价值。

不要用上司不懂的技术性较强的术语与之交谈。这样，他会觉得你是故意难为他；也可能觉得你的会干对他的职务将构成威胁，并产生戒备，从而有意压制你。

（5）忠于领导

上级对下级最看重的一条就是下级是否对自己忠心耿耿，忠诚对领导来说更为重要，比如一些单位的司机都是领导的“自己人”，如果不是自己人，一些在车上的谈话，办的一些私事被传出去，会造成影响。因此，要成为领导的自己人，就要经常用行动或语言来表示你信赖、敬重他，领导在工作中出现失误，千万不要持幸灾乐祸或冷眼旁观的态度，这会令他极为寒心。能担责任就担责任，不能担责任可帮他分析原因，为其开脱。此外，还要帮他总结教训，多加劝慰。

（6）与领导保持一定距离

保持一定距离是出于自我保护的需要。一般领导不愿意跟下属关系过于密切，一方面是为了避嫌，另一方面要维护他在你心目中的威信。

任何领导都有不希望被别人了解的秘密，如果你和领导关系过于亲密，对他的事知道得太多，他有可能视你为心腹大患。

和领导保持一定的距离，要注意以下几点：

首先，保持工作上的沟通、信息上的沟通、一定感情上的沟通，但要千万注意不要窥视领导的家庭秘密、个人隐私。你应去了解上级在工作中的性格、作风和习惯，但对他个人生活中的某些习惯和特色则不必过多了解。

和领导保持一定的距离，还应注意，了解领导的主要意图和主张，但不要事无巨细，了解他每一个行动步骤和方法措施的意图是什么。这样做会使他感到，你的眼睛太亮了，什么事都瞒不过你，这样他工作起来就会觉得很不方便。

他是上级，你是下级，他当然有许多事情要向你保密。有一部分事情你只应是知其然而不知其所以然。所以，千万不要成为领导的“显微镜”和“跟屁虫”。

和领导保持一定的距离，还要注意时间、场合、地点。有时在私下可谈得多一些，但在公开场合、在工作关系中，就应有所避讳，有所收敛。

和领导保持一定的距离，还有一个很重要的方面，就是：接受他对你的所有批评，可是也应有自己的独立见解；倾听他的所有意见，可是发表自己的意见就要有所选择。也就是说，不要人云亦云。

2. 从容应对上司的指责

当我们受到上司批评时，最需要表现诚恳的态度，从批评中确实受到了教育，得到启发，改进了工作方法。最令上司恼火的，就是他的话被你当成了“耳边风”。如果你对批评置若罔闻，依然我行我素，这种效果也许比当面顶撞更糟。因为，你的眼里没有领导，太瞧不起他。

批评有批评的道理，错误的批评也有其可接受的出发点。切实地说，受批评才能了解上司，接受批评才能体现对上司的尊重。比如说错误的批评吧，你处理得好，反而会变成有利因素。如果你不服气，发牢骚，那么，你这种做法产生的负效应，足以使你和领导之间的感情距离拉大，关系恶化。当领导认为你“批评不起”、“批评不得”时，也就产生了相伴随的印象——认为你“用不起”、“提拔不得”。

当然，公开场合受到不公正的批评、错误的指责，心理上是难以接受的，思想上也会造成波动。妥善的方法是，你可以一方面私下耐心做些解释；另一方面，用行动证明自己。如果是当面顶撞，则是最不明智的做法。既然是公开场合，你觉得下不了台，反过来也会使领导下不了台。其实，你能坦然大度地接受其批评，他会在潜意识中产生歉疚之情，或感激之情。也会琢磨，这次批评到底是对还是错？

依靠公开场合耍威风来显示自己的权威，换取别人的顺从，这样不聪明的领导是不多的。其实，你真遇到这种领导，更需要大度能容，只要有两次这种情况发生，跌面子的就不再是你，而是他本人了。

同领导发生争论，要看是什么问题。比如你对自己的见解确认有把握时，对某个方案有不同意见时，与你掌握的情况有较大出入时，对某人某事看法有较大差异时，等等。请记住：当领导批评你时，并不是要和你探讨什么，所以此刻决不宜发生争执。

受到上级批评时，反复纠缠、争辩，非得弄个一清二楚才罢休，这是很没有必要的。确有冤情，确有误解怎么办？可找一两次机会表白一下，点到为止。即使领导没有为你“平反昭雪”也完全没必要纠缠不休。

在晋升的过程中，有人充满信心，有人谨小慎微。但不管怎样，突然受到来自上级的批评或训斥，都会造成很大的影响。而要处理得好，首先要明白上司为什么要批评你。

我们可以这样认为：领导批评或训斥部下，有时是发现了问题，必须纠正；有时是出于一种调整关系的需要，告诉受批评者不要太自以为是，或把事情看得太简单；有时是为了显示自己的威信和尊严，与部下有意保持一定的距离；有时是“杀一儆百”、“杀鸡给猴看”。不该受批评的人受批评，其实还有一层“代人受过”的意思……明白了上司为什么批评，你便会把握情况，从容应付。

挨批评虽然在情感上、自尊心上受一定影响，但如果你情绪不受影响，而用一种反思维的态度对待自己，采取“有则改之，无则加勉”的态度，那么就会稳定情绪而不影响工作。如果过于追求弄清是非曲直，只会使人们感到你心胸狭窄，经不起任何的考验。

3. 结交仍有影响力的人

对于从公司退休的老前辈、老上司要懂得去尊重他们。许多情况下，公司对于退休的老人往往都是相当器重，对他们的意见也都十分重视。

不过，那些因贪污或受惩戒而遭辞退的人，最好少接近为妙。

所谓尊重退休的前辈，就是设法与他们多接近并博得他们的欣赏，让他们为你讲好话。达到这个目的最好的方法，就是对他们多做访问。

退休者最难过的是退休后那种门可罗雀的寂寞景象，这时若有人肯像从前那么来拜访，他会为之感动不已。但想博得他更深切的好感，就必须在拜访时多下点功夫。

不妨携带他喜欢的东西作礼物，以关心的态度向他请教。对于他的经验谈，要表现出乐意倾听并奉为圭臬的态度，使他有重浴过去美好时光的感觉。

退休者并不等于是没有发言权的人，有时甚至有超越体制的影响力。除非是因惩戒而退休，否则，把握住退休的老前辈、老上司，是有百利而无一害的。

对于已经去世的公司元老的遗孀，也要不吝走访。因为，她跟现职的主管夫人或许就有密切的交流。

懂得公关术的人，就是凡事都肯比别人多做一点，而这多做的一点，往往就是成功的关键。

4. 到上司家拜访

偶尔到上司家做表示敬谢之意的访问，这也是一种增进别人对自己评价的方法。

对上司而言，部属的来访，确是令人欣喜的事。一个连自己的直属部下都不愿亲近的上司，总是一个有缺陷的上司。

到上司家拜访做客，对上司的家人要积极给予赞美。对上司的言辞或和其家人的对话，要用比平常更有礼貌的态度，一一清楚地应对。自己举手投足间，都要随时保持“高度的警戒心”。

由于经常地拜访，久而久之会跟上司的家人由生疏变得熟悉，这时可略不拘小节，但不可轻忽应有的礼节。

因此，不管是初次拜访或座上常客，毕竟和一般访客不同，一定要知礼数。

“射人先射马”，这是一句历久弥新的谚语。要讨上司的欢心，就先“收买”其家人的心；尤其是上司的太太。因此送礼时，礼物的选择以上司夫人的喜好为第一要素。在上司的家吃饭时，对上司夫人亲手做的菜肴，更是不可忘记要大大地赞赏一番。

对上司称呼其孩子时，要恭敬地说“您公子、千金”，并且尽量和上司的孩子打成一片。

要到上司家拜访时，最好事先请求同意，而在拜访结束后当天或最迟到隔天，就要打电话向上司的夫人道谢，并且写一封道谢函，书信的最后别忘记写上“并祝合家幸福”。

这种感谢的电话和书信，切记不可因为经常拜访且已熟悉的关系而有所中断。礼多人不怪，这样越发能让上司感受到你的忠实度的确是始终如一，因而加深其信用度。

5. 珍惜上司的信任

要想争取上司的信任，当然不是一朝一夕之功，有人认为“比其他人做更多的工作，超时工作”是最重要的，这只能是老观念而已。新一代的老板则认为：工作并不算繁重，却要赶时才可完成，这是低智商的行为。

要想使上司对你另眼相看，最实际的是在工作尽责外，还要学懂每一个程度的进行。注意你上司如何做他人的工作，怎样与高层行政人员沟通，其他部门又担任什么角色。当你成为这个行业的专家时，老板当然会对你欣赏有加。

如果你能帮助上司发挥其专业水准，对你必然有好处。例如，上司经常找不到需用的文件，你尽快替他将所有档案有系统地整理好。要是他对某客户处理不当，你可以得体地代他把关系缓和。如果他最讨厌做每月一次的市场报告，你不妨代劳。这样，上司觉得你是好帮手后，你自己也可以多储一些工作本钱。

要想自己名利双收，不可只满足于做好自己分内事，还应在其他方面争取经验，提升自己的工作“价值”，即使是困难重重的任务，也要勇于尝试。分析一下哪些问题才应劳烦老板注意，如果真有难题，请先想想有什么建议，更不应投诉无法改变的条例。

与上司保持良好的沟通。这种技巧十分微妙，给上司简洁、有力的报告，切莫让浅显和琐碎的问题烦扰他，但重要的事必须请示他。

耐心寻找上司的工作特点，以他喜欢的方式完成工作，不要逞强，更不要急于表现自己。

随时随地，抓紧机会表示对他的忠心，以你的态度说明一个事实：我是你的好朋友，我会尽己所能为你服务。“言必行，行必果”，说出的话要算数。不要以为上司很愚笨。如果你真的努力这样做，他会看在眼里，一定会很明白你的意思，对你日渐产生好感。

听到对公司不利的谣言或传闻，不妨悄悄地转告上司，以提醒他注意。

不过，你的措词与表达方式须特别注意，说话简明、直接为最佳方式，以免发生误会。

适应不同上司的工作形式，也是白领人士必须懂得的技巧。如何去适应？一点也不困难，只要本着诚意去与对方接触，摒弃一切主观看法或者其他同事的不正确意见即可。

上司向你下达任务后，先了解对方的真意，更衡量做法，以免因误会而种下恶根或招来不必要的麻烦。

谁都知道与上司建立良好的工作关系，对自己的工作有百利而无一害。

自己做错了事，不要找借口和推卸责任。解释并不能改变事实，承担了责任，努力工作以保证不再发生同样的事，才是上策，同时得虚心接受批评。

要使上司信任你和准时完成工作。做任何事一定都要检查两次，确认没有错漏才交到上司面前。谨记工作时限，若不能准时做好，应预先通知上司，当然最好不必这样做。必须圆满地把工作完成，不要等上司告诉你应该怎样去做。

上司愿意选择你为他的下属，他对你的印象自然很好，你必须丢开对上司的偏见，事事替他着想，把他的事，当成自己的事。

很多下属对自己的上司，都会有以下的评论：他的命运比我好，但办事能力却远不及我，却表现出不可一世的样子，只懂得一味批评下属的工作做得不好，一旦问题真正出现之际，他却推卸责任。

 6. 不要总当“后排议员”

作为一名员工，几乎每天都要与领导接触，如果能够正确地处理与领导之间的关系，那你就会更加顺风顺水。

那么好的方法是什么呢？

(1) 常请示，常汇报

你是不是常常向上司询问有关工作上的事？或是自身的问题，有没有跟他一起商量过？

如果没有，从今天起，你就应改变，尽量地发问。一个未成熟的部下，向成熟的上司请教，这并不可耻，而且理所当然。千万不要想：“我这样问，对方会不会笑我？我是不是很丢脸？”如果你这样想，那就太多虑了。

多留心领导的喜好，会做人，才能受器重。有心的上司，都很希望他的部下来询问。部下来询问，就表示他（她）在工作上有不明之处，而上司能解答，可以减少错误，上司才放心。

如果你假装什么都懂，一切事情都不想问，上司会觉得：“真伤脑筋，这个人是不是真正了解了呢？”从而感到担心。当上司尚未叫你到他眼前，你应先自动地去问：“关于这件事，这个地方我不太了解。”或：“这一点是不是可以这样理解，不知经理的意见如何？”

上司一定会很高兴地说：“嗯，就照这样做！”或：“大体上就这样好了！”对你设想不到的地方加以补充，并将不对的地方加以纠正。

（2）以最快的速度汇报新信息

在外面听到任何新的消息，回公司后，就要尽快地向上司报告。尤其是有生意往来的客户或相关行业界的情报消息，上司一定是求之不得。

一般说来，地位越高的人，对情报的渴望度就越强。关于重要客户的情报更是“听”之惟恐不及。因为即使一些表面上似乎微不足道的事，对上司而言其中或许就藏有玄机，如客户中的职员或亲属有人要婚娶，或是客户的交易状况与金融动态等等。

上司若能从部下处得知详细情报，就可以掌握先机展开行动，这样至少不会输给同行业的竞争对手。

一个能经常取得珍贵情报的部下，无异于如上司的左右手一般的重要。因此，做部下的一旦得到新消息，不论事态大小，都要尽快地向上反映，而上司对这种部下当然也印象特别深刻。

迅速传达情报，就是部下对上司的一种“敬业”的行为。部下的敬业对上司是再好不过的，它至少会让上司沉醉在身为上司的优越感中。

（3）别忘了在他人面前称赞上司

当着上司的面直接给予夸赞，虽然也是一种“奉承”上司的方法，却很容易招致周围同事的轻蔑。而且，这种正面式的歌功颂德，所产生的效力反而很小，甚至有反效果的危险。

与其如此，倒不如在公司其他部门，上司不在场时对其适度称赞一番。这些赞美终有一天是会传到上司耳中的。同样地，如果您说的是一些批评中伤的话，迟早也都会被泄露出去的。一个精明能干的上司，即使在他管不到的部门内，必定也会安置一、二名心腹的。

自己的下属在其他部门是否受欢迎，这也是上司很在意的事情。自己的部下很得人缘，上司也会觉得自己很有光彩。如果又知道部下在其他部门中不遗余力地称赞他，不用说，上司对那位部下的好感度是直线上升的。

不过，要特别注意的是，如果一个下属和其他部门的人，尤其是和其他部门的上司走得太近，这时，直属上司可能就会不高兴，人总是有猜疑心的。

（4）坐在上司的身边

常见到有这种情景，在事先没有安排座次的座谈或某些较随意的场合，许多下属都争着坐在离上司较远的地方。有时上司主动招呼下属向他靠拢，但下属却惴惴不敢从命。

也许有的下属怕坐在上司旁边，被人在背后说拍领导马屁，结果好像领导身边就成了禁区。其实，如果心地坦然，敢于坐在自己的上司身边，恰是一种自信自强的表现。你想，坐在上司身边，就意味着要随时应答上司的谈话。上司会从你的举止谈吐中感觉你的素质与风度，还会从你对事物的分析中看出你认识问题的水平，甚至能从你那不卑不亢、有礼有节中感受你的人格魅力。一个对自己的素质修养和业务能力充满自信的人，是不怕同领导坐在一起的。相反，有了与领导面对面沟通与交流的机会，会促使领导慧眼识才，更进一步地了解自己。同时，你也可以在同领导的交谈与探讨中，更深入地了解领导，学习许多新的东西。正如同有的秘书常在领导身边，对领导的认识水平与办事经验言传身教、耳濡目染，从而“胜读十年书”，获益匪浅。

总而言之，你应该常常跟在领导左右，如果你总是怕人说三道四，而甘当“后排议员”，那你就永远也无法引起领导的注意，所以你要学着会做人。

第九章

和谐是同事关系中社交策略的出发点

同事关系是十分重要的社交关系。一个人走上工作岗位以后，接触最多的除了家人就是同事，维系和谐的同事关系一方面可以让自己心情愉快地完成八小时的工作，另一方面对自己的工作和整个职业生涯都大有助益。因此，掌握一些与同事交往的社交技巧是十分必要的。

1. 建立和维护和谐的同事关系

同学时代的友谊固然可贵，可惜天下没有不散的筵席。踏入社会后，面对朝夕相处的同事，又该如何与之相处呢？

同事关系与同学关系大不相同，你面临的不是同龄人，各人的教育背景、性格特征、价值观念、处世哲学等不可能完全一致，即使我们一起告别学校，共同进入某单位工作，我们之间的关系由同学关系而变为同事关系，我们之间关系的状况可能会有这样三个不同阶段。

第一阶段：和谐的阶段。在头三四年里，你我他对单位、工作、同事都还陌生，大家都需要摸索工作规律，了解单位和同事们的情况，这一时期安全需要是我们共同的优势需要。同样的需要、同等的地位、相同的感情把我们紧紧联系在一起，我们可以做到无话不谈、互相帮助、互相谅解，我们的关系可谓亲密无间。

第二阶段：不和谐的阶段。数年后，我们对单位、业务工作都熟悉了，与同事建立起一定的人际关系，此时尊重和自我需要成为优势需要。你我他相当关心其他的同事、特别是领导对“我”的评价，关注“我”在单位的作用、地位和前景。然而，由于各自的能力、人际关系、机遇等因素，我们之间开始产生差距：评价、地位、作用、发展前途不同。此时，我们相互间不再像以往那样可以推心置腹地无话不谈了，相互心理投入“量”减少了，关系不知不觉地发生了微妙的变化。

第三阶段：沉重的阶段。此时，我们的职务发生了变化，有的人得到提升，有的还在原地踏步，自我实现的前景似乎有所不同。客观上的地位差别，往往会形成主观上的心理距离，甚至有人会产生命运不好、怀才不遇等感觉，于是交往的频率必然相应减低。

然而，人是有感情的，回首往事，大家心中不免有些怅然，为什么我们——同事不能始终保持第一阶段关系呢？也就是说，为什么我们不能建立并发展起坦诚平等、互让互谅的关系呢？

要克服以上的分歧是可能的，而且在现实生活中这样的同事关系并不少见。但是，良好的同事关系不会自然形成，需要我们共同遵循一定的行为准则。

行为准则之一：用你的行为使同事认识到，与你相交是安全的。换言之，使对方得到安全感。根据马斯洛的“金字塔”理论，安全需要是人的低层次需要，但却是必不可少的首属需要。为此你应该：在与同事交往中不探听、更不可揭露他人的隐私；不背后道人之长短，更不可搬弄是非；人孰无过，因此要不记人过错，更不可存报复之心；不狂妄自大，更不可事事处处尽占上风。这样，同事们自然会认为你是忠实可靠的同事又是朋友，便会毫无顾虑地同你交往、合作了。

行为准则之二：需要的满足是相互的，人际交往的目的是彼此满足需要。在人际交往中一方传输信息、感情或者物质等等，另一方理应相应的作出报偿，如态度的转变、交往频率和深度的增加、感情的融洽、关系改善等等。如果人际交往中付出和报偿不公平，则人际关系将受到影响。如果你我待人真诚、不谋私利、急人所急、豁达大度，那么同事关系一定是好的；反之，若有己无人，盛气凌人，贪得务多，粗鲁野蛮……那么同事关系必然不好。

行为准则之三：注意交往的时空距离。我们已经知道，人际关系一般与交往距离的远近，交往时间的多少、长短成正比，因此一个班组，一个办公室的同事关系一般较密切。为了便于向同事交换信息，沟通感情，消除隔阂——也即消除交往中对另一方传输的信息的误解，一般需要进行面对面的人际交往，同时应经常进行交往。然而，我们也要注意交往过度会造成心理及感情上的饱和这一因素，因此，同事间的交往，无论从频率上讲，还是从空间上讲都要恰如其分，即保持“君子之交”的时空距离，这样各自都能冷静地处理相互关系，不致因交往过密而对另一方产生过高的期望，一旦这一期望不能实现（工作上的意见分歧或冲突），就会产生失望感，甚至怨恨情绪。反而不利于保持正常的关系。

行为准则之四：正确对待竞争。在现代社会，各单位、公司都有晋升、加薪的机会，你我他都有好胜争强之心，这是自强不息的表现，也是满足自我实现需要的表现。因此，同事间相互竞争是正常的。围绕着一个共同的目标而展开的竞争，有利于相互促进，有利于共同目标和个人抱负的实现，它是组织和个人是否有活力的标志之一。既然如此，在竞争中你我他都应有这样的认识和态度：在竞争中人人平等，人人都有获胜的机会，也有失败的可能；胜要胜得光荣，输要输得坦然；要戒妒——输者不嫉妒，戒骄——胜者不骄傲。胜负只说明过去。今天你晋级了，我衷心向你祝贺，诚心向你学习，争取明天再分高低。你我他，在竞争中是对手，在工作中是同事，在生活中是友人；争而不伤团结，不失风格，得意时不忘形，受挫时不丧志。这样，同事关系决不会因竞争而受到损害。

行为准则之五：正确认识自我，表现自我。所谓自我，是个人生理、心理和社会化三者的统一。正确认识自我，就是要对自己的体能、智能、价值、社会权利和义务、社会责任和社会地位等有一个符合实际的评价，形成正确的自我意识。在行为举止中表现出自尊而不自傲，自爱而不自卑，自律而不自弃。在对待自我理想和抱负的实现方面，既看到个人的能动性和潜力；同时要清醒地认识到，离开社会、集体、同志们的协助，自己必将一事无成。这样我们就会在交往中注意自我和社会大我的结合；我们就会有强烈地与他人交往的热忱，乐于与同事交换和分享信息、情报；我们就会在与同事和领导的交往中，保持平等自然的态度，不卑不亢，落落大方；我们就会既有强烈的自我实现愿望。同时又有强烈的与他人合作的愿望。完全可以肯定，同事们一定会尊敬这样的人，愿意与这样的人交往、共事。

要搞好同事关系，除了注意以上的五个行为准则外，还要切记如下要点，才能与同事相处得好：

首先要以诚待人。而且要讲信用。能赢得别人的信赖，自己也会心安理得，一切都会顺利。

欣赏别人的优点最容易博得别人的好感。希望引起别人的注意，希望别人知道自己的优点，是人的天性。因此，当你诚心赞誉别人时，对方就会以你为知己。

养成尊重别人私生活的习惯。中国人喜欢嘘寒问暖，关怀别人，因此，往往容易流于谈论别人的私事。要尽量避免这种情形发生。很多事情，局外人无法了解，更没有资格去说长道短。

与同事相处，特别要注意公私分明，不能因为是亲朋好友而在公事上带上感情。夫妻或情侣如果在同一办公室，上班时间最好公事公办，不要经常在一起，以免别人说闲话。

同事工作有成绩，千万不要嫉妒，要真心欣赏别人，向别人看齐，这也是一种具有积极意义的竞争。

每个人为了维护自己的利益和地位，有时会在心理上筑一道屏障。如果要取得每位同事的密切合作，就应该尽量向别人表示自己的善意，经常考虑别人的立场和利益，不要自认为高人一等。

不要冷语讥讽他人，不要斤斤计较小利，否则，大家会对你望而生畏，设法避开你，这样你将失去与同事合作的机会。

使人有安全感，是你与同事相处的关键。前面已经提及多次。不要计较他人的过错，不要使人感到你有报复的意图。与别人谈话不能要求次次占上风、讨便宜，这样你才能成为最忠诚可靠的朋友。

古人说："上不失天时，下不失地利，中得人和，而百事不废。"用现代话来说，同事、上下级关系和谐，则万事兴，也就是单位的生产率、工作效率可以提高，组织的计划、目标能顺利实现，你我他个人的愿望和抱负也可因此而实现。

2. 同事之间既要竞争更要合作

俗话说"同行是冤家，同事是对手"，其实这种说法并不完全正确，因为同事之间不但有竞争，还有合作。

坐在一起的同事常常侃大山，云山雾罩，欢声笑语，气氛可说十分融洽。可谁知，在这种氛围背后，却会阴霾密布。因为是同事，因为是站在同一条起跑线上的同资同辈，他们之间就存在竞争。存在竞争就容易让人抛掉正常的心态，于是笑里藏刀、绵里藏针、排挤迫害等等招术便纷纷登场。

韩非是名传千古的集法家之大成的思想家。当初他的著作传到秦国，秦王见到《孤愤》、《五蠹》这些文章，深有感触地说："我如果能见到这个人，并与他交往，就是死了也没什么遗憾的了。"李斯说："这是韩国的韩非所写的文章。"秦王为了得到韩非就立即攻打韩国。

其实，韩非在韩国并没有受到重用，韩国国君是在亡国之际，才想起韩非的用场，派他出使秦国。

韩非入秦之后，眼见强秦之势，不但忘记了出使秦国的重任，反而上书秦王，直陈己见。秦王阅毕，正合胃口，更添对韩非的敬慕，便欲封官重用。

然而，韩非入秦，却引起了李斯的恐惧。他与韩非曾同时师从荀子学“帝王之术”，李斯深知自己才华不及韩非，现在二人同事一主，日后定然韩非占尽风头，而自己则屈居其下。

于是，李斯向秦王进谏道：“韩非是韩国的公子，现在大王要兼并诸侯，韩非终究会帮助韩国，而不会帮助秦国，大王既然不用他，但久留在秦国然后再放他回国，这是自留后患，不如找个罪名杀了他。”秦王认为他讲得有道理，便下令将韩非囚禁。李斯既怕秦王反悔，又怕韩非上书自辩，便派人送毒药逼韩非自杀。

一代旷世奇才，只因可能与李斯同事秦王便遭毒害，韩非也只能有“既生非，何生斯”的悲叹了。因为韩非的到来威胁了李斯在秦国的地位，视名利为生命的李斯焉能等闲视之？哪管你我曾是同学，哪管你我同在异乡为异客，去死吧。因为“同行是冤家”。

才华过人、锋芒毕露就容易让人感到威胁，所以要处理好与同事的关系，就要用你的行为让同事感觉到，你的存在不会威胁他的地位，使他有安全感，不可妄自尊大，事事处处占尽上风。这样，同事就会认为你既是忠实可靠的同事，又是朋友，就会毫无顾虑地与你交往、合作了。

同事间的竞争应该是明刀明枪，因为竞争过后还得继续合作，更不宜与同事争名夺利，当事业有成时，要与同事谦让一些。为了一些蝇头小利争来夺去，把属于同事的东西夺来归于自己名下，就不会有人愿意与你合作、相处的。你以后的发展也好不到哪里去了。

同行不幸成为“冤家”，同事成为“对手”，就是因为同行、同事之间存在着竞争，往往有这样的情形，同事之间还不甚了解，尤其是刚到一单位的同事之间，他们对单位、工作都感到陌生。这时，同样的安全需要、同样的地位、相同的境况使他们可以成为好朋友。但过了若干年后，你会发现情况出现了变化，人与人之间的差别出现了，他们便不再推心置腹、无话不谈，就会出现隔阂。而开始在意领导对每个人的评价，以及别人和自己的升迁、前途了。为什么会这样呢？究根寻底，只有两个字在作怪：竞争。

说到这里，我们不禁要问：难道竞争就非得让友情走开?!

基于此，要处理好与同事的关系，就必须正确认识竞争、正确对待竞争。

在现代社会中，竞争的存在是不可避免的。每个单位都有晋升、提薪的机会，而在众多的同资同级人中，晋升谁、提谁的薪，或者说谁能提级提薪，就全靠个人表现，这便出现了竞争。每个人都有争强好胜之心，竞争本身又有利于促进每个人的成长，有利于个人抱负的实现。对一个集体而言，竞争则有利于提高效率。

但是，竞争存在，不是不择手段存在的理由，竞争应该是正当的，同事之间的竞争，更不应该把对手理解为“对头”，竞争对手强于自己，要有正确的心态，著名数学家华罗庚说过：“下棋找高手，弄斧到班门。这是我一生的主张。只有在能者面前不怕暴露自己的弱点，才能不断进步。”因此，同事之间的竞争要以共同提高、互勉共进为目的，以积极的竞争心态投入到竞争当中去。

竞争总是要分胜负的，就看你能否正确地对待胜与负这两种结果了。有人在竞争中不择手段，就是无法正视结果，不能认清这样一个道理：竞争中每个人都是平等的，有成功者，就有失败者，胜要胜得光明磊落，输要输个坦坦然然。同事之间的竞争，胜负只说明过去，他胜了，你向他祝贺，你要从中找出自己身上存在的缺陷和不足，以利于你以后的发展。同事之间的竞争，竞争中是对手，工作中是同事，生活中是朋友。竞争后，胜者不必得意忘形，输者不必垂头丧气。

要能做到这一点，就需要把名利看得淡一些。孟子说："养心莫善寡欲；其为人也寡欲，虽有不存焉者寡矣。其为人也多欲，虽有存焉者寡矣。"意思是说，人修心养性最好的办法就是减少欲望。欲望很少的人，就是得到的不多也不觉得少；欲望很多的人，就是已经得到了很多仍然觉得少。

"知足者常乐"，谁不想得到晋升，获得提薪呢？但现实中不可能每个人都能得到，于是就有了竞争。竞争总有失败者，何必那么在意结果而沮丧呢？又何必为了此名此利而不择手段，费尽心机呢？既然没能获得，还可以退而修身长智，下次再争取嘛。法国启蒙思想家卢梭有一句名言："人啊，把你的生活限制于你的能力，你就不会再痛苦了。"说的就非常有道理。

同事之间既有竞争，又有合作，既要搞好团结协作，又要谨慎小心地守住自己的发展领域，在竞争与合作中寻求一种平衡。同事应当是互相尊敬的对手，而不是冤家对头，只有理清了这一点，你才能与同事和平共处，你才能在仕途上昂首阔步。

3. 别让小矛盾毁了同事关系

同事几乎天天见面，各人的性格脾气禀性、优点和缺点也暴露得比较明显，尤其各人行为上的缺点和性格上的弱点暴露得多了，就会引起各种各样的冲突和矛盾。

宋蕾越来越讨厌财务部的王会计，每次到她那里去取报表什么的，都要费半天劲，结果还被经理说成是"办事慢吞吞"！王会计也非常讨厌宋蕾，觉得她整天咋咋呼呼，不尊敬老员工，结果两人越弄越僵，宋蕾摔东西、使脸色，王会计就说东道西、指桑骂槐。宋蕾真想换工作，可除了与王会计的矛盾外，一切都很顺利，她还真舍不得这份工作，她该怎么办呢?

处在一个办公室里，低头不见抬头见，如果跟同事闹矛盾，不但伤害感情，也影响工作，事情闹大了，还容易引起领导不满，影响前途，所以跟同事闹矛盾就是在自找麻烦。

其实同事之间有了矛盾，仍然可以来往。首先，任何同事之间的意见往往都是起源于一些具体的事件，而并不涉及个人的其他方面。事情过去之后，这种冲突和矛盾可能会由于人们思维的惯性而延续一段时间，但时间一长，也会逐渐淡忘。所以，不要因为过去的小意见而耿耿于怀。只要你大大方方，不把过去的事当一回事，对方也会以同样豁达的态度对待你。

其次，即使对方对你仍有一定的成见，也不妨碍你与他的交往。因为在同事之间的来往中，我们所追求的不是朋友之间的那种友谊和感情，而仅仅是工作、是任务。彼此之间有矛盾没关系，只求双方在工作中能合作就行了。由于工作本身涉及双方的共同利益，彼此间合作如何，事情成功与否，都与双方有关。如果对方是一个聪明人，他自然会想到这一点；这样，他也会努力与你合作。如果对方执迷不悟，你不妨在合作中或共事中向他点明这一点，以利于相互之间的合作。

同事之间有了矛盾并不可怕，只要我们能够面对现实，积极采取措施去化解矛盾，同事之间仍会和好如初，甚至比以前的关系更好。

要化解同事之间的矛盾，你应该采取主动态度，不妨尝试着抛开过去的成见，更积极地对待这些人，至少要像对待其他人一样地对待他们。一开始，他们会心存戒意，而且会认为这是个圈套而不予理会。耐心些，没有问题的，将过去的积怨平息的确是件费功夫的事儿。你要坚持善待他们，一点点地改进，过一段时间后，表面上的问题就如同阳光下的水一样蒸发消失了。

如果是深层次的问题，你可以主动找他们沟通，并确认是否是你不经意地做了一些事儿得罪了他们。当然这要在你做了大量的内部工作，且真诚希望与对方和好后才能这样行动。曾见到有些人坐在一起，表面上为了解决问题，而实际上却是更强硬地陈述各自的观点。

他们可能会说，你并没有得罪他们，而且会反问你为什么这样问。你可以心平气和地解释一下你的想法，比如你很看重和他们建立良好的工作关系，也许双方存在误会等等。如果你的确做了令他们生气的事儿，而他们又坚持说你们之间没有任何问题时，责任就完全在他们那一方了。

或许他们会告诉你一些问题，而这些问题或许不是你心目中想的那一个问题，然而，不论他们讲什么，一定要听他们讲完。

同时，为了能表示你听了而且理解了他们讲述的话，你可以用你自己的话来重述一遍那些关键内容，例如："也就是说我放弃了那个建议，那你感觉我并没有经过仔细考虑，所以这件事使你生气。"现在你了解了症结所在，而且可以以此为重新建立良好关系的切入点，但是，良好关系的建立应该从道歉开始，你是否善于道歉呢?

如果同事的年龄、资格比你老，你不要在事情正发生的时候与他对质，除非你肯定你的理由十分充分。更好的办法是在你们双方都冷静下来后解决，即使是在这种情况下，直接地挑明问题和解决问题都不太可能奏效。你可以谈一些相关的问题，当然，你可以用你的方式提出问题。如果你确实做了一些错事并遭到指责，那么要重新审视那个问题并要真诚地道歉。类似"这是我的错"这种话是可能创造奇迹的。与同事相处千万不能太较真，一些鸡毛蒜皮的小事就让它过去，斤斤计较只会使彼此都不愉快。

4. 嫉妒是同事关系的癌细胞

同事之间最容易出现嫉妒，嫉妒别人升迁比自己快，嫉妒别人比自己有才华……嫉妒是一种对人对己两不利的情绪，嫉妒别人其实就是在折磨你自己。

胡某、王某两人同年大学毕业，进入同一个单位工作，业务上经常互相交流。但经过几年以后，胡某以其熟练的业务能力、精干的办事能力而获得领导的赏识，还评上了高级技术职称。而王某则平平淡淡，无所建树。但他对胡某很不服气，对胡某所获得的一切也很嫉妒，于是给领导写了一封匿名信，诬陷胡某。最终事情败露，被单位给予行政处分，正所谓“偷鸡不成蚀把米。”

嫉妒，最容易在同事间出现。因为同事大都年龄相仿、职务相当，因此当别人事业上取得了进步后，人们总喜欢拿来与自己比较。一比才发现，自己不如人。但又总觉得不服气，结果便是嫉妒别人。

同事之间如果因嫉妒而你整我、我整你，冤冤相报，何时能了？而每个人每天都要绷紧神经，生活岂不是累死人。自然也就不能建立良好的同事关系了。

并且，爱嫉妒别人的人自己的日子也不好过。整天嫉妒别人，自己心里也烦恼，老觉得别人比自己高明，对此又不能平静，要嫉妒还要想如何算计别人。这种人活得也很累。

嫉妒，就如心灵上的肿瘤，折磨着有此“偏好”的人。嫉妒还会引发生理上的一些不良反应，医学研究表明，嫉妒容易引起头痛、高血压、胃病、心脏病等，甚至还有因嫉妒而死的事情。

三国时年轻有为的周瑜因嫉妒诸葛亮的才华，发出了“既生瑜，何生亮”的感叹，断送了自己的生命。其时周瑜在东吴很受孙权赏识，为孙权的股肱之臣，且年仅三十多岁，正值壮年，却为嫉妒而亡。晋代刘伯玉的妻子因为听到刘伯玉对曹植《洛神赋》中洛神的形象赞不绝口，竟也嫉妒得不行，投河自杀；而奥塞罗的嫉妒则使他杀死了自己的爱妻戴芬莫娜。嫉妒如此让人短寿、伤人性命，人们是不是该去此“痼疾”，活得更洒脱、更长寿呢？

嫉妒心理是一种低级趣味，而恰恰有不少人都有这个毛病。其实，社会给每个人提供的创造和进取的机会是平等的，完全用不着彼此嫉妒与排挤。同事之间存在竞争，应该是你追我赶式的正常竞争，而不是拉别人的腿、拆别人台的竞争。

一些国人的嫉妒，其重要原因就是不求上进，又不能容忍别人超过自己。似乎别人的成功就意味着自己的失败。我吃糠咽菜，你就不能吃大米白面，哪个敢吃，就群起而攻之。于是“事修而谤兴，德高而毁来”。正如韩愈所说：“怠者不能修，而忌者畏人修。”

好嫉妒者是不能处理好与同事的关系的，因为容易眼红、生事，也没人愿与之交往。正如荀子所说：“士有妒友，则贤交不亲；君有妒臣，则贤人不至。”

与同事相处，不要嫉妒同事的长进、成功。但反过来被别人嫉妒了又怎么办？

首先向你道喜，因为你如果不是有几分才气，谁会嫉妒你？如果没有吸引人的魅力，谁会嫉妒你？如果什么事都干不成，谁会嫉妒你？瞧你不起还来不及呢。

被别人嫉妒，是你有本事，“能遭天磨是铁汉，不为人嫉乃庸才”。如果没人嫉妒你，那你可是太平庸了。

其次是你大可不必斤斤计较，要吸收别人嫉妒中的合理因素和有利成分。如剧作家周振天所说：“不必怨恨嘲讽与嫉妒，它的每一次到来，都是前进的动力。”要正确地对待别人、对待自己，发现自己的“白璧微瑕”，加以完善，转化为前进的动力。

对于一些毫无根由的嫉妒，大可不必理会。这一点我们要向我国著名民主人士黄炎培老先生学习。黄炎培，字任之，他在解释为何取这个字时，说：“这有两重意思。其一是对自己该做的事、对国家该负的责任，坚决勇敢地担负起来，任之。其二是对无所谓的事、无聊的流言等等，不管它，由它去，任之。”这是对待同事嫉妒有效的态度。

 5. 帮助同事也要把握分寸

同事之间少不了互相帮帮忙，你对这种事情应该采取什么态度呢？应该有乐于助人的热心，但也要有分寸。

只要是人，都会有善、恶之分，但是在办公室里交朋友却不可以如此任性，最好是一视同仁地与他们打交道。

同事之间要能同甘共苦。“今天如果不加班的话，工作是怎样也赶不完的！”假如有一位同事一边看表，一边叹气地说这些话时，你也许会说：“唉！真是够辛苦啦！要不要我来帮你忙啊！”若能对他这么说的话，那位加班同事的内心该会多么感激啊！今天我帮你忙，明天也许变成你帮我忙了，这种情形在工作上也是经常发生的。但要注意的是，热心不能太过，你是同事，不是管家婆。

A 女士非常重视同事间的交情，待人极其热心：同事夫妻不和，她权充“和事佬”，讲尽好话，决心要令破镜重圆；同事弟弟过了适婚年龄仍无女朋友，她知道后自动请缨当红娘，把所有自己认识的未婚姑娘都拉去介绍给他认识；同事要约会、要办事，有未完成的工作往她桌上一放，她二话不说挽起袖子就干……她虽然是热心助人，但却常帮倒忙，同事们干脆送了 A 女士一个外号“管家婆”。领导对她的做法也不太满意，认为各人的工作就该各人做，A 女士实在很困惑，为什么一心助人却还落了一身不是？

A 女士的问题就出在她没有把握好“度”，她的帮助施得太滥，这样“助人”自然就不会再有任何乐趣了。

生活中，工作认真、乐于助人的你，终日忙得团团转。因为除了本身的工作，你还是“清道夫”，对其他同事的要求援手，一概接纳。

但不妨检讨一下，这样做，是否经常弄得你透不过气来，甚至要超

时工作，如果达此程度，奉劝你应该重新估计自己的能力和态度了。

谁都需要休息，要是你没有停下来喘息和“加油”的时间，对本身的工作肯定有坏处。其次人是不能纵惯的，长久做“好人”，人家是不懂珍惜的，即使说你可能是辛苦了自己，却吃力不讨好。所以你应该学会拒绝别人。

当然不是叫你一反常态，只顾自己，而是请你预先分析一下，那一件工作需要花多少时间，自己的能力和精力又可以承受多少工作。别以为自己是超人，没有人可以长期在巨大压力下工作的，请解放自己。

好了，你确实有剩余时间，不妨“择人而助”，那就是研究一下哪种工作可以让你学到新技巧，或在人际关系上有好处。否则，请婉转地拒绝吧。

同事意欲另谋高就，且坦白向你要求做其介绍人。这位同事跟你颇为投缘，甚至视你为“好友”，所以你总不应袖手旁观。

然而，在伸出援手之余，请注意自己的身份。

对工作不满意的，是你的同事，不是你，所以，你是绝对不值得为此给自己的工作造成坏影响。即使插手，也得聪明点、理智点。

首先，同事仍服务于公司，你若给他介绍工作，等于跟公司作对，即使老板不怪你，要是有人拿此做话柄，在背后中伤你，多少对你是不利的。

如果刚巧有份工作十分适合这同事，不妨考虑以下方法：请公司以外的第三者给同事做介绍人，就是两全其美之策了。

当然，若同事已离开公司，即已不是你的同事，以朋友身份向你求助，你就可以放开手去协助他了。因为没有了利害关系、同僚关系，许多问题都不会发生，你要伸出援手，对你和他都是有益无害了。

不知是什么原因，你的同事竟然在公在私均十分依赖你。

“没有你，我真不知怎么办！”同事常公开这样表示。

千万别沾沾自喜，这绝不是一个好现象。试想，别人会怎样想？以为你控制他别有妙法！何况，同事永远不能“站起来”，对你或多或少是一种障碍，你俩只会一起停留在原职位。你实在有必要终止同事处处依赖你的情况。

若是厉言正色，或十分公式化，或公然地向对方表示，你不会待他如过去的迁就，请他凡事自己决定和实行。这样，当然会弄巧成拙，对方一定以为你嫌他烦，或是要独自邀功，对你的好印象当即打折扣。

不妨婉转和间接一些。例如对方要求你照例伸出援手时，可以打趣地说：“其实这件事很简单，你一定可以应付自如的，被我的意见左右可能不妙。”这番话是间接在提醒他：一个成功人士，必须独立、自信。何况，这样说一点也不会损及大家的情谊。

总之，办公室里“助人”要因时、因事、因人制宜，而且热心也要有度，这样才能给你带来乐趣，才能让双方都接受。

6. 对同事间的应酬不能忽视

社交中的应酬，是一门学问，它可以拉近距离、联系感情。同事间的应酬有很多：小张结婚、大李生子、赵姐升迁、小童生日……你一定要积极一点，帮人凑份子、请客、送礼，因为应酬是最能联系感情的办法，善于交际的人一定会抓住它大做文章。

一位同事生日，有人提议大家去庆贺，你也乐意前行，可是去了以后发现，这么多的人，偏偏来为他贺岁，他们为什么不在你生日的时候也来热闹一番？这就是问题所在，这说明你的应酬还不到位，你的人际关系还有欠佳的时候。要扭转这种内心的失落，你不妨积极主动一些，多找一些借口，在应酬中学会应酬。

比如你新领到一笔奖金，又适逢生日，你可以采取积极的策略，向你所在部门的同事说：“今天是我的生日，想请大家吃顿晚饭，敬请光临，记住了，别带礼物。”在这种情形下，不管同事们过去和你的关系如何，这一次都会乐意去捧场的，你也一定会给他们留下一个比较好的印象。

小方上班已经快半个月了，与同事的关系却还停留在“淡如水”的阶段，看着其他同事彼此间亲亲热热，小方真是又羡慕又无奈。这天是周五，行政部的王小姐大声宣布：“明天我生日，我请大家吃饭，愿意来的呢，明天下午3点，在公司门口会合！”大家听了都非常高兴，叽叽喳喳议论个不停，当然，小方依旧是被冷落的那一个。“去不去呢？人家又没邀请我！”下班后小方一直在考虑这个问题，最后一咬牙，还是决定去。第二天，他准时来到公司门口，当他把准备好的礼物送给王小姐时，她明显愣了一下，但马上就笑开了，并对小方表示了热情的欢迎。那一天他们玩得非常尽兴，小方还两次登台献艺，办公室里的尴尬气氛就这样打开了，小方也成功地融入了这个集体。

如果没有参加这次应酬，小方可能还得在办公室的“北极地带”继续徘徊，可见应酬确实是联络感情的最好办法，吃喝笑闹间，双方的距离就被拉近了。

重视应酬，一定要入乡随俗。如果你所在的公司中，升职者有宴请同事的习惯，你一定不要破例，你不请，就会落下一个“小气”的名声。如果人家都没有请过，而你却独开先例，同事们还会以为你太招摇。所以，要按约定俗成来办。这是请与不请、当请则请的问题。

重视应酬，还有一个别人邀请，你去与不去的问题。人家发出了邀请，不答应是不妥的，可是答应以后，一定要三思而后行。

对于深交的同事，有求必应，关系密切，无论何种场面，都能应酬自如。

浅交之人，去也只是应酬，礼尚往来，最好反过来再请别人，从而把关系推向深入。

能去的尽量去，不能去的就千万不能勉强。比如同事间的送旧迎新，由于工作的调动，要分离了，可以去送行；来新人了可以去欢迎。欢送老同事，数年来工作中建立了一定的情缘，去一下合情合理；欢迎新同事就大可不必去凑这个热闹，来日方长，还愁没有见面的机会吗？

重视应酬，不能不送礼，同事之间的礼尚往来，是建立感情、加深关系的物质纽带。

同事在某一件事上帮了你的忙，你事后觉得盛情难却，选了一份礼品登门致谢，既还了人情，又加深了感情，同事间的婚嫁喜庆，根据平日的交情，送去一份贺礼。既添了喜庆的气氛，又巩固了自己的人缘。像这种情况，送礼时要留意轻重之分，一般情况礼到了就行了，千万不要买过于贵重的礼品。

同事间送礼，讲究的是礼尚往来，今天你送给我，我明天再送给你，所以，不论怎样的礼品，应来者不拒，一概收下。他来送礼，你执意不收，岂不叫人没有面子？倘若你估计到送礼者别有图谋，推辞有困难，不能硬把礼品“推”出去，可将礼品暂时收下，然后找一个适当的借口，再回送相同价值的礼品。实在不能收受的礼物，除婉言拒收外，还要有诚恳的道谢。而收受那些非常礼之中的大礼，在可能影响工作大局和令你无法坚持原则的情况下，你硬要撕破脸面不收，也比你日后落个受贿嫌疑强。这叫作“君子爱礼，收之有道”。

应酬，是处理好同事关系的法宝之一，嫌应酬麻烦而躲避它的人，会被人说成是不懂得人情世故，处理好应酬的人必定会受到同事的欢迎。

第十章
与下属的交际策略讲究张弛有度

一些高高在上、自视清高的领导不重视与下属的交际，认为上下级之间就是命令与执行的关系，不存在什么交际。这实在是大错特错的危险想法，持这种社交观的领导也注定会失败。把每一位下属当作平等的个体，以张弛有度、收放自如的策略与其交往，才能建立起积极的上下级关系。

1. 了解下属才能驾驭下属

如果本身没有遭遇对方的经历，当然不可能了解他的痛苦。假如能够体谅对方的痛苦，也就够资格担任主管。不过也有人无法做到这一点。

心理学家利用“角色扮演”的手法，做了让你了解对方的实验。

角色扮演是利用心理剧作为集团疗法的一种方法。例如：让上司和部属的角色互换，也就是让上司担任部属的职务，部属处理上司的业务，并且以实际业务作为互谈的内容。如此一来，就能让双方相互了解对方的立场。

历史上能因采用角色扮演的方式而深得部属信任的人物，莫过于日本战国时代后期开辟全国统一道路的军事家和政治家织田信长（1534—

1582)，在此介绍一段很有趣的插曲。

织田信长在骑马行军时赫然发现一个背着庞大东西的士兵，他已经累得举步维艰了。

信长下马想要背那名士兵的东西，但就连自认为身体强健的信长也觉得相当吃力。于是，信长唤来负责人，说了以下的训示：

“你背过这件东西吗？一定没背过吧！为什么这样不顾东西的重量而让部属扛着？当要别人背负东西时，应该先由自己衡量一下。”

受信长训示的负责人感到惭愧，而听到这番话的士兵们都感动得落泪。信长以“角色扮演”的方式让部属了解了别人的痛苦。

如果你是一个经常感叹“交代的事都办不好”、“只会抗议”的上司，不妨试试以部属的立场考虑所交接的任务。这样也许能够找出部属不满和反抗的症结。

2. 通过坦诚交流了解下属的想法

现代员工在配合工业技术升级的情况下，已面临着更大的压力。因此，负责身体健康的劳保、公保则难以安全保证员工身“心”的健康，主管者如果要使员工全身心投入工作，以提高生产力，唯有主动地认识与解决员工的个人问题，方是有效利用人力资源的策略，也是促使员工加强对公司向心力的秘诀。

近年来，一些竞争力强的美国公司纷纷成立“员工协助”单位，目的在于提供员工心理保险，以待解决员工的个人与家庭问题。

无论你的公司是否有这种管理制度，关心员工的心理健康已成为现代管理趋势中较重要的一环。要做好这种心理辅导的工作，管理者首先应同员工面谈。面谈时要注意下列原则：

时间上选择一个星期中的前几天而不是接近周末的后几天，选择早上而不是下班之前。

选择让员工感觉有隐私的地方，譬如办公室附近的安静咖啡厅，可供散步的花园或公司内的会议室，以使得面谈的过程不受干扰，让员工轻松自在地和盘托出。

使用“我”而不是“你”的关心语言。譬如，“我对于你造成的意外事件感到焦虑不安”，而不是“你这样焦虑不安，以致于引起许多意外事件”；“我对你的不理睬命令感到生气”，而不是“你用不理睬命令的方式激怒我”；“我要与你谈谈”，而不是“你来找我谈谈”。

注意聆听而不作任何建议或判断，此外，要将谈话的内容保密，会谈后不与其他同事讨论细节。

与员工交谈后，如果发现员工还有不良行为的倾向，则要设法转送给公司特约心理辅导专家，或者提供心理治疗的机会，让员工自行选择。不良行为来自各方面：容易生气、悲哀或恐惧，感到孤单、忧郁、情绪不稳，酗酒或吸食药物。亲朋好友的去世，高度的压迫感，无法专心，容易失眠，有自杀的想法，有体重肥胖的烦恼，缺乏自信，害羞，对工作、对自己或对这个世界感到悲观，人际关系不良，缺乏激励自己的欲望，家庭及经济的困扰。

虽然，把有个人问题的员工转给心理专家之后，主管也应该负起追踪到底的责任。也应在第一次面谈之后的两个星期之内，主管与员工必须再度沟通，鼓励员工表明自己的想法、感觉与意见，甚至建议解决问题的办法。

3. 给下属足够的自由空间

作为领导者，你必须让员工安排自己的计划，不要任何事情都由你过问，让员工拥有自己的头脑，重要的是弄清员工获得什么结果与如何去获取结果的区别。更重要的是，同时应给予员工足够的自由空间，让他们自我决定怎样最好地实现你所要求他们达到的结果。当然你不可能完全将员工“做什么”和“怎么做”分离开来。员工在某种程度上也要参与决定达到什么样的目标，尽管最终承担责任的还是领导者。在决定员工的目标时，你也不可能毫不考虑员工怎样去处理这一问题。但作为领导者，你不要过多干涉员工去做自己的工作，放手让他们去做。只有在一个目标明确，又有充分自由空间去实现目标的环境下，员工才有可能最大限度地发挥自己的才智。如果你规定了他们的工作目标，又为他们划定了许多做事的条条框框，那他们当然就失去了行为的主观能动性。所以培养员工拥有自己的头脑，发挥员工的智慧是大有必要的。

在现实生活中，领导者并非总是处在作出决定的最恰当的地位。当他们做出决定时，必须充分依靠员工提供的信息和建议。所以，更为切实的做法是，尊重员工，让员工做出某些决定，让员工承受一些责任。

当然，作为领导者，尊重员工时，也应划清界线，因为有些决定是无法作出的。比如，只应允许他们作出一些在他们责任范围内的决定，而不能作出那些影响其他部门的决定。他们可以在公司的经费计划内决定如何最大限度地安排自己的工作，如何进行培训等，但他们无权决定公司的某些制度与办公设备应如何处置等问题。

尊重员工，也是对员工的一种挑战。他们必须对自己的决定负责，而提供建议与作出决定两者是有区别的。有时，你也许只需向员工提供有关资料和信息，然后由他们作出最终的决定，如果你将此视为向员工提供帮助，这是十分正确的。当员工碰到困难时，向他们提出建议和解决办法是可行的，是否会被他们接受又完全取决于他们自己。如果你的建议带有强制性，这一决定似乎就是你作出的了，只不过你巧妙地转移了自己的责任。因此不要鼓励员工遇到事就找你。否则，你将背上过重的提出建议、作出决定的包袱，而成为过时的“万能”领导者。当员工带着问题走到你身边时，不能一开口就作出决定，因为有时只有员工才能做出决定，尤其是那些在他们工作范围之内的决定。

如果你要检验员工是否表里如一，最好是离开一段时间，让他们自行其事。很多人也许都有这种体验，当你离开之后，他会轻松地嘘一口气，并开始真正感到自由，庆幸自己终于可以干自己感兴趣的工作了。

很多人与上司相处时，总会感到紧张不安。他们总想让上司高兴却不知怎样去做。同样，当上司离开时，他们反倒能全身心地投入到工作之中，并能从中自娱自乐。没有领导者在场，他们却能更好地作出决定。

作为领导者，你可以离开员工一段时间，尽量给他们留一些自我发展的空间。这样当你回来时，你会吃惊地发现员工在你不在的时候取得了多么令人满意的成绩。离开员工是检验领导者是否成功的最好方式。如果你已经能够培养员工按照你所构想的方式去做，如果你让他们真正承担起自己的责任，如果你能让他们自行其事，那么，当你离开的时候，所有的一切可以照样圆满地成功完成。

作为领导者，你只需为员工指引方向，而且这一方向不应在三个星期或三个月内就做出改变。即使出现一些问题，你的员工也应该像你一样妥善地处理。当然，如果是一个十分重大的问题，那他们不可能自行其事，必须报告于你。

当你离开时，员工们也许有些不太习惯，或许有些想念你。当你回到他们身边，他们会集中精神向你展示自己所实现的东西。因此你的回归，又变成了他们表现自己及证明你的权威的机会。

让员工拥有自己的头脑，其前提是你必须充分相信和认可他们。你给予他们的自由空间越大，他们做的事情就越成功。当你真诚地信任员工时，如果他们对你安排的某一工作确实无法胜任，他们会主动说出并要求另换一个更合适的人选，这实际上是对你的一种负责，这比勉强答应，但最后将事情弄得一团糟的员工更加诚实而有责任感。

4. 领导者要保持沉着冷静的态度

领导者只有以冷静沉着的态度，才能做出精确的决断，《孙子兵法》中说："主不可怒以兴师，将不可愠以致战。"

"喜怒不形于色"，也就是尽量压抑个人的感情，而以冷静客观的态度来应付各种情况，具备这种素质才配做一位领导者。领导者一旦露出心中所思所想，就容易被人看穿，以至于受到别人左右，而导致做出错误的决策。

喜怒不形于色至少有两个好处：组织遭遇困难时，如果领导者显示出不安的表情或慌乱的态度，便会影响到整个组织，一旦根基动摇，就可能立即带来崩溃。这种情形下，若能保持冷静、若无其事的态度，最能安抚员工的心。其次，与对方交涉谈判时，具有冷静沉着的态度是非常重要的。如果把持不住自己而露出感情，如同自揭老底一般，容易被对方所控制而屈居下风。

外交谈判是领导者重要的使命之一，只有具备冷静沉着的态度才是克敌制胜的重要条件。

中国的领导者深受儒家思想熏陶，所以养成稳重熟虑的习惯，"喜怒不形于色"也是领导者必有的修养。三国时的刘备正具有这样性情，《三国志》中说他："不言语，善下人，喜怒不形于色。"所以寡言、谦虚及喜怒不形于色是典型的君主作风。

西晋之后，东晋偏安江左，建都建康，当时北方民族势力日益强盛，不断地以武力胁迫东晋，使得司马王朝深受其苦。当时东晋由谢安执掌相权。有一次，北方前秦大举南侵，以号称百万的大军渡江南来，而东晋迎敌部队只有数万人，以寡敌众的例子，虽然很多，但兵力如此悬殊，连东晋人民都失去了信心，人人准备应对劫难。

而宰相谢安虽处于这种非常不利的局势中，却异常冷静沉着。他将一切准备妥当后，便悠闲自在地饮酒下棋，好像不知前方有战事似的。

在谢安的运筹下，东晋艰苦地打败了前秦，获胜的消息很快传回京城，这时谢安正与人对弈，看完捷报后，他仍若无其事地下棋。

“有什么重要的事吗?”客人好奇地问。

谢安答道：“没什么，不过是前方的将士打败了敌人而已。”

在客人面前，即使是大军获胜，谢安也依然不动声色。送走客人后，谢安返回屋内，一不小心脚踢到了门槛，撞断了木鞋的鞋齿，但谢安竟毫无所觉，原来他是将喜悦之情硬生生地压制在心中。

其实，这正是领导者必须具备的素质之一。

5. 对属下要有张有弛

对于部下和员工的管理如何达到最佳效果呢？是严还是宽？是刚还是柔？松下的经验是：应该以慈母的手，握着钟馗的剑。也就是说，心怀宽宏，但处理起来则要严厉、果断，绝不能手软。

上司对于下属，平时关怀倍至，犯错误时严加惩罚，恩威并施，宽严相济，这样方可成功统御。

慈母的手，慈母的心，是每一个管理者都应具备的。对于自己的部属和员工，要维护和关怀。因为，他们是你的同路人，甚至是你的依靠。而且，也只有如此，才能团结他们，共达目标。

美国威基麦迪公司老板查里·爱伦，被选为“95 年美国最佳老板”。他是靠什么当选的呢？一是他每年都在美国的加勒比海或夏威夷召开年度销售会议；二是他非常关心员工的生活，能认真听取公司员工诉说自己的困难和苦恼。一旦员工家中有什么事情，他会给一定的假期，让其处理家事。由于他能与员工同呼吸、共命运，深受员工的爱戴。顾客们到他的公司后，看到公司员工一个个心情愉快，对该公司就产生了安全感，所以公司效益一直很好。

和田努力创造一个积极、愉快、向上的内部环境，主要采用爱顾客首先要爱员工的方法。20 世纪 50 年代末，八百伴拟贷款 2000 万日元为员工盖宿舍楼，银行以员工建房不能创效益为由一口回绝。

但是和田夫妇以关爱员工、员工才能努力为八百伴创利的理由说服银行，终于建起了当时日本第一流的员工宿舍。

那些远离父母过集体生活的单身员工，吃饭爱凑合，和田加津总像慈母一样，每周亲自制定菜谱，为员工做出味美可口的饭菜。

在婚姻上，也像关心自己的孩子一样关心他们，他先后为 97 名员工作媒，其中有一大半双职工都是八百伴员工。

每年五月的第二个周日是“母亲节”，和田加津想：远离父母、生活在员工宿舍的年轻人，夜里一个人钻进被窝时，一定十分想念父母。于是，他专门为单身员工的父母准备了鸳鸯筷和装筷匣。当员工家长在“母亲节”收到子女们寄来的礼物后，不仅给他们的孩子，也给公司发信感谢。一些员工边哭边说：“父母高兴极了！我知道了，只有让父母高兴，作子女的才最高兴。”

为了加强对员工的教育，除每天班前会之外，每月还定时进行一次实务教育。实务教育中的精神教育包括创业精神、忠孝精神、奉献精神等。和田清楚孝敬父母是与别人和睦相处的基础，把对父母的诚心变成服从上司的领导。正因为能孝敬父母，所以能尊敬上司。所以她总是教育员工要尊重、关心自己的父母。

对待下属同时还必须严厉，这种严厉基于人类的基本特性而来。松下认为，一部分人不需要别人的监督和批评，就能自觉地做好工作，严守制度，不出差错。但是大多数的人都是好逸恶劳，喜欢挑轻松的工作，捡便宜的事情，只有别人在后头常常督促，给他压力，才会谨慎做事的。对于这种人，就只能是严加管教，一刻不放松了。

松下认为，经营者在管理上宽严得体是十分重要的。尤其是在原则和制度面前，更应该分毫不让，严厉无比；对于那些违犯了条规的，就应该举起钟馗剑，狠狠砍下，绝不心软。松下说："上司要建立起威严，才能让部属谨慎做事。当然，平常还应以温和、商讨的方式引导部属自动自发地做事。当部属犯错误的时候，则要立刻给予严厉的纠正，并积极引导他走向正确的路子，绝不可敷衍了事。所以，一个上司如果对部属纵容过度，工作场所的秩序就无法维持，也培养不出好人才。换言之，要形成让职工敬畏课长、课长敬畏主任、主任敬畏部长、部长敬畏社会大众的舆论。如此人人能严以律己，才能建立完整的工作制度，工作也才能顺利进展。如果太照顾人情世故，反而会造成社会的缺陷。"

"无论用人或训练人才，都要一手如钟馗执剑，另一手却温和如慈母，做到宽严得体，才能得到部属的崇敬。"这是松下的管理经验。

当员工的工作表现逐渐恶化之时，敏感的主管必须寻找发生这个现象的原因，如果不是有关工作的因素造成的，那么很可能是员工的私人问题在分心他的工作。有些主管对这种现象不是采取"这不是我的责任"而忽视它，就是义正辞严地告诫员工振作起来，否则自己卷铺盖走路。

无论如何，如果主管希望员工关爱公司，那么，管理者首先关心员工的问题，包括他人的私人问题。因此，上述处理的方式可以说轻而易举，但是无法改善员工的表现。比较合理的方法应该是与员工讨论，设法帮助他面对问题，处理问题，进而改善工作成效。

6. 与属下交朋友

新型企业工作中的上下级关系只是因工作需要而确定的，这远不如朋友关系，只有彼此双方都抱有加深关系的愿望，其交往才能逐渐变成朋友关系。如果彼此不能走进对方的世界双方也只能维系上下级关系。因此，要尽可能把这种单纯的上下级关系转变为朋友关系，使其成为你的人际协调中的重要动脉。

那么，朋友关系和普遍的上下级关系到底有什么不同呢？如果说上下级不在八小时以外的业余生活中往来是美国式的话，日本传统的师徒关系则能够深入彼此生活，极富有人情味。

很多站在管理者立场上的人大概都会觉得现在的年轻人不喜欢这种人情味的关系。但这只是这些管理人员自以为是的认识而已。年轻的公司职员们肯定渴望找到与上司更亲密的途径。只是与以前不一样的是：他们更愿意寻找在本公司里建立这种关系的方法，而不想在小酒馆聚会喝酒以联络感情。换言之，是想通过工作来进行朋友式的交流。由于上司不了解他们的这种想法，仅仅以其谢绝八小时以外交往，就错误地认为这些年轻人只需要冷酷无情的上下级关系。可见，这种上司一开始就先入为主地认定年轻人讨厌与自己交往。受此影响，上下级的关系自然不会很融洽，上司在指导年轻人时，也总是采取留一手的态度。其实他们理应对年轻人多多指导。一旦他们认真给予指导时，就会发现年轻人出乎意料地乐于倾听。年轻人是不讨厌上司现身说法的经验之谈的。进一步说，他们更希望听听上司讲述自己如何过五关斩六将、如何走麦城的工作经历。由于上司不了解这一点，又碍于面子，以致自觉不自觉地对部下板起了面孔。由于上司的疏远，做部下的也不便于追得太近，结果就只能敬而远之，彼此之间的鸿沟也就越来越深。这就是公司上下级之间出现隔阂的原因。如果上司心胸再开阔一点儿。问题也就迎刃而解了。

上司需要掌握下级对什么感兴趣，并想从你这学到什么？到底部下对哪方面的问题感兴趣呢？

首先是工作问题。彼此应就直接相关的工作问题坦率地交换意见。如果是在欧美的话，仅凭占用八小时以外时间谈工作一条，就可以诉诸法律。当然在日本就不必有这种担心，但也不能在谈话中只围绕这一话题。

其次是有关公司的情况。这不光是本部门本科室之内的情况。如果公司业务广泛的话，大概部下都会想了解有关其他部门的问题。好容易才进入了一家大公司为什么要做个井底之蛙呢？然而，有太多的上司把全部精力投入到完成自己部门的生产指标上，完全不了解其他部门的工作职能，患上了部门自闭症。做部下的都想了解自己所在公司的今后发展方向，非常想了解公司将怎样发挥自己的一技之长。而很多上司却每天为完成生产指标而搞得头昏脑涨，自然无法解答上述问题，导致交流难以进行。

第三是公司之外的事。不会进行这方面交流的上司是把公司等同了社会。他们的眼睛看不到外面的世界。这样的上司，怎能成为部下的老师与朋友？外面的世界远比公司要大，不了解社会，意味着个人能力的欠缺。换言之，如果上司无法就社会话题与下级交流则表明其社会生活能力的低下。年轻人常会认为工作狂类型的上司平淡无味。他们希望看到上司在工作以外的另一面。那些连周末都只知辛辛苦苦地加班，到了退休茫然无措的人，确实很难让人感受到其个人魅力。

对于上司所渴望实现的梦想、人生观的变化等等，也是部下想知道的。如果上司不能就什么是生死、什么是爱恨与部下交流的话，两者之间的距离势必会加大。

如果彼此之间就以上内容进行很好的交流与沟通，在上下级之间肯定能产生信赖，下级就会以得到朋友而满足，即使有点儿意见，也会碍于朋友的面子而照吩咐去执行。

解决“问题”部属的技巧：每一位管理者都经历过一些棘手的问题，例如部属抗命、部属意志消沉只求达到最低标准、部属联合起来对抗主管或要挟主管、部属不愿与同事协调合作、部属醉心于工作外的事项、部属越级到您的主管面前申诉您的不当、部属纷纷请调或离职、部属间冲突不断而且不听您的排解、部属发生家庭纠纷而心神不定、部属遭遇重大打击、部属心中愤怨不满等等。这些问题都是和人有关的，我们可以称这些人为“问题部属”，往往有那么几个人，就使人感到头痛和焦虑。

今日的世界，科技已有了重大的突破，世界级的管理大师也纷纷指出企业的绩效想要往前大幅度跃进，关键还在于“人”。与科技相比，我们对人的了解仍然是那么的有限。我们盼望每一个人都能谦虚地学习，同时不断累积对人了解的经验。这种经验必将成为您未来突破绩效最珍贵的宝藏。

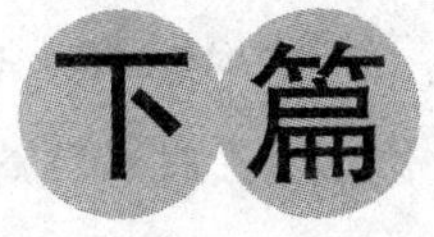

下篇

别让社交心态毁了你

不要把社交活动看作简单的待人接物、关系往来，社交实际上是一个人综合素质的反应，更是一个人处世心态的外现。很难想象一个惟利是图、急功近利的人会平等地对待每一个人，他的处世心态决定了其社交活动注定是不成功的。由此看来，做个社交高手必须把处世心态的修炼放到首位。

第十一章

以平常心看待社交中的“交心难”问题

人们常有“交友容易交心难”的感叹，并由此视所有的社交活动为虚伪和利益的活动。其实这里就有一个心态问题，因为“交心”只适用于社交圈子中的极少数人，你却指望所有人都与你推心置腹，自然会因巨大的失落导致心态失衡。

1. 志趣不同的人难以成为朋友

我们和熟识的人相遇，可能是点头一笑，或打一声招呼、寒暄一番，再分手告别；与朋友相遇，一定是眼前一亮，再相拥相抱，开怀畅笑，你一言，我一语，对方的一个举动，一个眼神，另一方都会心领神会，不用多言，这就是朋友。那么，什么样的人容易结交成朋友呢？一个共同的话题，共同的兴趣，或一个共同的爱好，都可能促成双方成为朋友。相反，志趣不同的人就难以成为朋友。

“道不同，不相为谋”，这是古人总结出来的，经过几千年的验证，依然被人们认同着。这里的道也包含志趣的意思，没有共同的志趣，双方之间缺乏一个共同的桥梁来沟通，很难想象二人能成为朋友，即使走到一起，也是矛盾冲突不断。在某高校的宿舍中，有同学6人，新学期刚到时，大家还能合得来，但时间一长，这6位同学就表现出了两种兴趣，巧的是，两种兴趣各有3人，有3位同学沉溺于网络游戏，每天是一道出去，再一道回来，每天谈的也是游戏中的虚拟世界；而另三位却是球迷，不是踢球就是看球，两方人如果都在宿舍，若有一方谈起他们的爱好，那么另一方要么是不插嘴，要么就是冷言冷语，这样宿舍关系就搞得很僵化，双方也是互相看不起。

中国古代的“管宁割席”的故事，应该是“道不同，不相为谋”的最好例子。

管宁和华歆在年轻时是一对很亲密的朋友。一次，他俩在园中锄地时发现地上有块金子。

管宁继续锄地，把金子看成是瓦石，而华歆则捡起了金子。又一次，两人一齐坐在炕席上读书，忽然听到外面鼓声震天，有位达官显贵乘坐华丽的马车经过门前，管宁仿佛没有听见一样，埋头读书，而华歆却连忙丢下书本，跑到街上去看，露出羡慕不已的神气。管宁见此情景，就再也不愿与他为友，于是就用刀子把炕席一割为二，不跟华歆坐在一起了。

最容易与我们成为朋友的，有与我们并排而坐的共同求知的同学，也有和我们面对面相坐的办公室的同事，共同的条件，共同的经历极易促成互相之间成为朋友。但是即使成为了朋友，那么，维系朋友继续交下去，依然是双方之间共同的情趣在起作用。

如今的社会，是一个彰显个性的时代，人们喜欢标新立异，性格和爱好各不相同，这让我们寻找一个志同道合的友人就更难。但这并不意味着应该放弃交到知心好友的努力，我们一方面可以通过自己的学习，拓展自己的志趣空间，另一方面尽量以宽容的胸怀，容纳志趣不尽相同的人。这样可以最大限度地减少与他人之间的隔阂，让不同的志趣成为互补的因素，而不是交友的障碍。

2. 立场不一难以相互包容

如果二人代表的利益不同、立场不一，那么这二人恐怕终生不能成为朋友，并有可能互相排斥，互相看不起。如果双方立场对立，那么二人可能将对方视为自己的敌人。尽管司马懿也能听懂诸葛亮的琴声，但司马懿并不是诸葛亮的知音，也许诸葛亮生平遇到的最大劲敌就是司马懿，但他也没有惺惺相惜的意思，两人立场的对立，使他们终生只能以兵戎相见。

有人说：最成功的人在于拥有最多的朋友，而拥有的敌人却是最少的，在前进的道路上，我们不希望看到有劲敌阻挡着我们前进的路，我们总希望有很多的朋友能够在危难时刻助我们一臂之力。于是，我们尽量不去树立敌人，即使有一两个对手，我们也力争化敌为友。然而，立场不一，是很难让双方走到一起的，于是，我们不免羡慕羊祜和陆抗这一对处在对立立场而又是朋友的古人了。

羊祜与东吴大将陆抗在边境对峙，双方的使者常常互相来往。陆抗送给羊祜的酒，羊祜喝起来从不怀疑；陆抗生病，向羊祜求医，羊祜把成药送给他，陆抗也立刻服下。

许多人劝阻陆抗，陆抗说："羊祜怎么会用毒杀人?"陆抗对守边的士兵说："别人专门行恩惠，如果我们专门为暴虐，这样就等于还没打仗，自己就已经屈服了。现在双方各自保住边界就可以了，我们别想占什么小便宜。"

孙皓听说双方在边境互相和好，就责问陆抗，陆抗说："一邑一乡都不可以不讲信义，更何况大国呢？我如果不这样做，正是彰显羊祜的恩惠，对羊祜丝毫也没有损伤。"

能做到像羊祜和陆抗这样，超越各自的立场而能成为至交好友的，是因为双方宽阔的心胸、互相的谅解、互相的信任，如果没有以上二位古人的心胸，是很难走到一起成为朋友的。

立场不一，就容易引发矛盾，产生冲突，这样就没有友情可言，我们在不断结交与自己立场相近的朋友时，也希望能与不同立场的人成为朋友，这时候，要想相处得融洽，就涉及到方法的问题。

小林是个不修边幅的人，这虽属生活小节，但若与喜欢洁净的人在一起，“立场”肯定会严重对立起来。一次，朋友请他赴宴，他依然穿着不得体，朋友告诉他以后注意点，要修饰修饰自己。小林听了，马上笑嘻嘻地说：“感谢不吝赐教，下不为例。”却照样我行我素。

现代人越来越强调个性，倘若小林脸一沉，或者干脆一走了之，也不是奇怪的事。

小林在面对与自己思想立场不同的朋友，选择的是顺从，也许这种顺从并不是来自真心的，却保住了朋友之间的友谊。

如果各执己见，互不相让，到最后肯定是不欢而散。

王先生和李先生坐在一起聊天，天文地理，古今中外，很是投机，两人都十分高兴。后来，当他们谈到某件事的时候，各持己见，为了证明自己是对的，两人旁征博引，声音越说越高，最后的言语都快碰撞出火花了，终于不欢而散。

因此，对于立场不同的朋友，我们不得不抱有一颗宽容的心，为了巩固友谊，我们有时还是保留观点、避免无谓的争执为好。

3. 义与利的失衡让友谊变质

古人很早就强调“千金难买一知音”，然而，遗憾的是，人们一直在做着相反的交易。在利益面前，背叛朋友、忌妒朋友，更有甚者将朋友置于死地。

通过朋友介绍，阿明进了朋友所在的一家日用品公司做业务，不仅找到了工作，而且有朋友陈磊照顾，真是好运气！在接下来的日子里，阿明尽心尽责，经理也总表扬阿明对工作认真负责，办事能力强。就在这时，公司决定在国庆长假期间搞个大规模促销活动，阿明被分在了海淀区。要知道，海淀区聚集了最大的几家商业网点，这说明领导对阿明的信任。

阿明很高兴地跑到陈磊面前，和他分享自己的快乐，谁知陈磊狠狠地瞪了阿明一眼，冷冷地说道："你真有本事呀，刚来没几天就把我的位置给占了，我引狼入室，真是瞎了眼。"说完就气呼呼地离开了办公室。阿明呆呆地站在那里，不明白自己究竟做错了什么。这时，旁边的一位同事走到阿明身边，说道："海淀区以前一直是他负责的，你一来他就被调到通州区了，所以他才会这样，你别介意，好好干就行了。"阿明笑着点了点头，可心里有种说不出的滋味。

回到家，阿明想了很久，终于决定第二天一早去找经理，要求与陈磊对调所负责的区域。

可到了第二天一切又都变化了，经理把他调到了物流部，负责所有城区货物的安排和调拨，这个位置显然更好，阿明就没再说什么。紧接着，他们就开始了紧张的前期协调工作。阿明每天早上到公司签到，然后就一整天跑商场，跑超市，协商促销事宜。而陈磊也临时被调到了其他办公室，他们几乎很难有见面的机会。阿明更没把那件事放在心上，心想，等这阶段工作忙完了，再找他好好谈一谈也不迟。于是阿明便全身心地投入到了工作当中。

经过努力，阿明负责的几家店，都同意重新备货，进行店内促销。但有一家商场只同意做短期的促销，过后不再留任何存货。所以他们要把货拉过去，未卖出的货物还要全部拉回来。可为了拓展公司产品的销路，占据更大的市场，只得将就了。

9月份的最后一天，阿明与物流部负责人约好，等那家商场晚

9：30清空客人后，他们便开始进货。谁知等到9：40，依然没见到公司的车来，阿明赶紧往公司打电话，才得知今天负责进货的人临时改成了陈磊。阿明又急忙给陈磊打手机，起初一直没人接，直到阿明打了十来遍，才听到了他不紧不慢的声音："车临时出了些故障，估计10：30能到。"说完便挂了。起初阿明还有些生气，可一听到他的说法也就只好等待了。阿明连忙去找两个商场负责人，说了一车子好话，才被勉强特殊照顾到11：30，这样满打满算，也只能刚好把货物布置完毕。

11点，货终于运到。阿明二话没说，就帮忙去搬货，尽量争取时间。直到把所有的货物都搬到展地，布置好。一看表，已是11：25。商场负责人示意让他们赶快离开，可阿明还没有来得及核数，这时陈磊笑着向阿明走来，说："快，签个字，别耽误别人休息。"

阿明犹豫地说道："可是我还没有核数啊。"

他笑着说："不至于吧，连我都不信任，如果你不相信我的话，我可以明天一早陪你来点数，没关系。"

阿明赶紧说："我不是不相信你，只是觉得应该遵守工作程序。"阿明边说边在接货单上签上了自己的名字。

回去的路上，阿明向他解释分配区域时的误会，他竟主动向阿明道歉，说当时一时脾气不太好，希望阿明别生气。阿明笑了："我们是哥们嘛，别这么客气。"这时，心里好似有一块石头落了地。

国庆过后，休了两天假，回来后经理就把阿明叫去了，把进货量与退货量的单子以及商场销量表都抛向了阿明，说："你负责的那家商场丢了五千多元的货，你怎么解释？"

阿明一听傻了！拿起来一算果真丢了5100元的货。怎么可能会这么多呀？阿明一下子像意识到了什么，向经理说了一句，我要去查一查。便快步走出了经理办公室。阿明找到了陈磊，把他叫到了外面。陈磊笑着说道："我怎么会知道，数是你点的，字是你签的。"

这时，阿明已经意识到发生了什么事情。阿明火冒三丈，向陈磊嚷道：“我要将此事告诉经理。”

“你告到哪里我也不怕，白纸黑字是你签的。”说完，他便转头回了办公室。

阿明思考了很久，没有真凭实据，没办法，赔吧，总不能被人当贼吧。阿明将想法告诉了经理，他说要考虑一下。几天后经理告诉阿明，他经过调查了解到了一些情况，不用阿明赔了，只要阿明今后好好工作作为补偿。

随后陈磊没有来上过班，两个人也没有了联系。

像陈磊这种人，是永远也没有长久的朋友的，不能将利益正确对待和摆放，一旦利益失衡，那么他就不会顾及你这个朋友之情了。

很好的一对朋友，却因为一方的心术不正，而弄得两人互不往来，我们在时常警醒自己不要见利忘义之时，也该考虑自己在利益面前，该怎样与朋友分享。学会了与朋友分享，也就得到了快乐。

和朋友相处，最大的学问就是将利益分配好，可惜的是很多人陷入了利益的泥潭而不能自拔，这自然就很难找到朋友。

4. 高压力、快节奏挤走交友机会

能时常和自己的朋友相处在一起，那实在是人生的一件快事，遗憾的是，现代社会给我们提供的机会实在是太少了。随着社会的飞速进步，我们的闲暇时间也越来越少，生活的快节奏、工作的竞争压力，使我们没有足够的时间去维持友谊，更有可能，由于相互竞争的压力，朋友之间可能会成为相互伤害的对象，留给我们的交友空间更是少之又少。

林颖把王怡看成比一日三餐还重要的朋友，两人同在一个合资公司做公关小姐，即使工作纪律非常严格，交谈机会很少，她们也总能找到空闲时间聊上几句。

下班回到家，林颖的第一个任务就是给王怡打电话，一聊起来能达到饭不吃、觉不睡的地步。

星期天，林颖总有理由把王怡叫出来，陪她去买菜、购物、逛公园。王怡每次也能勉强同意。林颖可不在乎这些，每次都兴高采烈，不玩一整天是不回家的。

王怡是个有心计的姑娘，她想在事业上有所发展，就偷偷地利用业余时间学习电脑。星期天，王怡刚背上书包要出门，林颖打来电话要她陪自己去裁缝那里做衣服，王怡解释了大半天，林颖才同意王怡去上电脑班。可是王怡赶到培训班，已迟到了 15 分钟，王怡心里好大的不痛快。

第二个星期天，林颖说有人给她介绍了男朋友，非逼着王怡一起去相看相看，王怡说："不行，我得去学习。"林颖怕王怡偷偷溜走，一大早就赶到王怡家死缠硬磨，搞得王怡没上成电脑班。最终王怡郑重声明，以后星期天学习，不再参加林颖的各种活动。

林颖一如既往，她认为好朋友就应该天天在一起。有时候星期天照样来找王怡，王怡为此躲到亲戚家去住。这下林颖可大不高兴了，她认为王怡是有意疏远她。林颖说："我很伤心，她是我生活中最重要的人，可她一点也觉察不到。"

今日不努力，明日可能就被淘汰，王怡深知其中的道理，所以才把业余时间都利用起来学习，补充自己的不足，挤走了和朋友相处的时间，以致朋友产生怀疑。在事业和朋友之间，有时我们不得不将事业摆在第一位，朋友次之，这样就让朋友对友谊产生了疑惑，使双方渐渐疏远。更可悲的是，由于我们经常和朋友处在同一竞争环境下，因此，相互给对方的伤害是无法避免的。

生活上的压力，学业上的竞争，容易使我们把朋友视作敌人，不能包容朋友，有些人专注于工作和学习，显得不尽人情冷漠沉闷，会使朋友对你望而止步，敬而远之，朋友在你身上得不到温情，很容易弃你而去。

任何人凭单打独斗在社会中是行不通的，只有靠广泛的人际关系，其中就包括朋友。而怎样在有限的时间内将朋友这份情谊保存得更加坚固，需要处理得当的方法。虽然不能经常谋面，但双方一定要多多联系，哪怕电话、书信的及时交流，也可以使友谊永不衰竭。

 5. “不”字难说断送友谊

人们认为，当朋友需要帮助时，应该是点头答应，而不是摇头否定，这样才显得朋友之间够义气。因此，一些人碍于朋友情面，对一些不适合帮助或无能力帮助的事也勉强答应，害怕失去了朋友，却违背了自己的心愿。实际上，该说“不”时不说“不”，往往因最后的结果难遂人愿而让朋友之间产生更大的不愉快。

琳达收到以前邻居的来信，得知她打算带孩子和狗一起到自己家住两三个星期时，一时感到十分为难。平时喜欢陪伴的朋友，并不一定就是愿意成天生活在一起的人。可是，怎么能对朋友说“不”呢？所以，琳达就虚伪地说，很高兴见到他们。

为什么不能坦率地对她讲，很愿意招待他们几天，但住三个星期又实在太长呢？毫无疑问，和很多人一样，琳达害怕说“不”字。当她不想答应别人求她的事情时，她又不能毫无愧意地拒绝人家。

不能果敢地说出“不”字。可能使朋友在误解的基础上越陷越深。自己也不能从违心的情况下解脱出来。

卡罗琳，一位有三个孩子的年轻母亲，她有这样一个女“主人”式的朋友。新搬到这一居民区，卡罗琳急于找朋友。这时，莉拉钻进了她的生活，像只母鸡式的把卡罗琳藏在翅膀下。不久后，卡罗琳发现，

莉拉不仅是只母鸡，还是只蜂王，她是某社会团体的总裁，整个团体是由她的朋友和她们的丈夫们组成的。

“起初我挺喜欢她，”卡罗琳说，“我是她的特别好友，她要我干啥，我就干啥。有时我感到似乎受她的压制，但我不知该怎么办，因为我的确喜欢她，希望与她保持朋友关系。但我逐渐不喜欢只是听从于她了。”

对莉拉的指手画脚，卡罗琳难以说出“不”字，使友谊建立在不平等、不尊重的基础上，也就使友谊难以发展下去。

苏珊是位年轻妇女，她愿意让一位朋友摆布她的生活。与卡罗琳不同的是，苏珊却是主动要求受控制。当垃圾处理装置出毛病后，她给好朋友玛莎打电话，问她怎么办。订阅的杂志期满后，她也去问玛莎是否再继续订。有时候她不知道该吃什么饭时，也给玛莎挂电话问她的意见。玛莎一直像个称职的母亲一样，直到有一天出了乱子。那天，玛莎的一个儿子摔了，由于非常疲倦，玛莎严厉地说道：“天哪！看在上帝的份上，苏珊，您就不能自己想想办法？就这一次!”说完就挂了电话。

玛莎的拒绝使苏珊感到迷惑不解，她说：“我还以为玛莎是我的朋友呢。”

过分地、无选择地满足朋友，会使朋友过分地依赖于你，当你突然间对他说“不”时，他会很茫然、很失落，并且对你产生迷惑，但是，你必须清楚你是他的朋友，并非父母，你没有指导和保护他的义务，只能给予支持，但不能包办代替。

我们中的一些朋友，总是喜欢将自己的一些意志强加于对方，也就体会不出友谊的真正含义。

朋友之间的交往，应该是平等、坦诚的思想交流，任何一方想控制一方的思想，或无节制地要求，这样的友谊本身就是病态的友谊，维系一个病态的友谊，人也是活得最疲惫的。

6. 难以解开的心灵枷锁扼杀友谊

《红楼梦》中林黛玉死得很惨，在没有朋友的日子里，她忧郁而死，贾宝玉想和她成为知心朋友，然而她却故意将心门紧锁，不让他走进来，在她心中，她是一个没有了爹娘的孤苦伶仃的小女子，她一方面渴望得到别人的关怀，同时她又自哀自怜不尊重别人给她的友谊。弄得大观园中的姐妹一个个都认为她清高、自私，人人都疏远她。

自闭的心理是不舍得主动去关怀他人的，他人也难以走进自闭者的心灵，也就谈不上友谊。轰动一时的马加爵案，在这方面给我们的启示是深刻的。

马加爵生性敏感，从小性格就内向，不大喜欢与人交往，也没有多少朋友。但他很懂事，从不与人争吵。而且从小就不乱花家里的钱，从小学到高中，学习成绩都很好，惟一的爱好是打篮球。可以说，马加爵是个乖孩子。

1997 年，马加爵就读于广西的重点高中之一宾阳中学。这个时期，马加爵显得更加内向，虽然与同学的关系还算融洽，但就是没有一个知心朋友。

马加爵还有两个姐姐和一个哥哥，但马加爵从小到大与他们的关系就谈不上亲密。

时间长了，马加爵变成一个很压抑的乖孩子。

在马村小学读书期间，他得到了很多张奖状，但他的家人从没有在他读小学的时候见到这些东西，因为被他偷偷藏起来了。

他学习很好，但总显得很害羞。同学们向他请教问题时，他都很紧张，课外的游戏他很少参加。

他生活的全部就是学习，即便放学后他也不主动去找同伴玩耍。

他被公认为是一个没有朋友、只会老老实实读书的孩子。

在高中，他外表的变化给交友带来了新的障碍。他的身体在高中变得很粗壮，脸型由圆成方，嘴唇变厚，眼睛深陷，额头外凸，显得有些凶狠，而且很少露出笑容，给人难以接近的印象。于是，大多数人只是跟他表面上过得去，从不深交。本身的不善言辞，更使得他在高中几年与女同学的谈话少得可怜。

就像很多学生因为家庭条件穷困而产生自卑心理一样，马加爵也被这种情形所左右。同学们很少见到他打荤菜，他总穿着旧衣裳。从高一到高三前半学期，他有点破罐子破摔的样子，可说是混过来的，有时候还会买两瓶啤酒到宿舍喝着解闷。

大一时，寡言少语的马加爵试图改变自己孤僻的个性，融入大学的文化。他的一位同学说，看其他同学幽默地开玩笑时他也想表现一番，结果往往弄巧成拙，反而让大家觉得他很可笑，情况越来越糟糕。他开始怀疑一切，变得有些神经兮兮，而且脾气越发暴躁乖戾。

在宿舍里，有时其他人在一起说笑，马加爵通常就认为笑声中包含对他的嘲弄，为此少不了动怒、吵架、摔门。逐渐地，他说话的次数越来越少，发脾气的叫声却越来越大。伴随时间的推移，他同宿舍的舍友之间的积怨越来越深，严重时他甚至动手打人。

大家都觉得他心理有问题，认为他从不反思自己。后来，大家只能以不理睬的方式来对待他。一段时间里，不被别人接纳的马加爵变得更加不羁与反叛。

他独来独往，没有参加过任何社团组织，他把头发有意理得很短，这样看起来更加凶悍。他还苦练体魄，早上6点不到就起来到操场上长跑，冬天只用冷水洗澡。

马加爵非常在乎外人对自己的评价。他的内心深处，有自己看重的做人原则。比如，大家一起打牌的时候，如果因为他出错牌而埋怨他，他会抱歉地笑笑；而一旦有人说他作弊他会非常生气。

在将近4年的大学生活中，马加爵有无经历心态上的重大转折？对于这个问题，同学们的一致看法是，马加爵4年来给大家的印象就是一直压抑，很怪。

案发前几日的一天，马加爵和邵瑞杰等几个同学打牌，邵瑞杰怀疑马出牌作弊，两人当众发生争执。其间，邵瑞杰说："没想到你连玩牌都玩假，你为人太差了，难怪龚博过生日都不请你……"

现在可以肯定的是，邵瑞杰的那句话给内心极自尊又极自卑的马加爵造成了"毁灭性的打击"，他感到长期以来努力维系而且深深依赖的并不开放的社交体系骤然崩溃。实际上，邵瑞杰是他自认为在班上惟一的知心朋友，两人同住一室，而且是广西的老乡，放假时常常相伴回家。但这句话不过是个导火索，马加爵的郁闷积蓄已久。

"我觉得我太失败了。"

"我觉得他们都看不起我。"

"他们老是在背后说我很怪，把我的一些生活习惯、生活方式，甚至是一些隐私都说给别人听。让我感觉完全露在别人眼里，别人在嘲笑我。"

终于，马加爵走上了绝路。

马加爵过分地自卑，让自己的心灵变成了病态，他用病态的心理去评判别人，因此，别人难以成为他的朋友。

不管什么原因，一个人一旦套上了沉重的心灵枷锁便把自己与大多数人割裂开来，友谊也就在这种割裂中被扼杀了。

第十二章
认识到人性中自私的一面

我们提倡从积极的一面看人看事，但并不意味着凡事只看积极的一面，那势必导致不能准确判断社交对象，而走进社交活动的死胡同。也就是说，要首先以务实的心态来认识人性中自私的一面，在此基础上采取积极的社交姿态，这才算得上社交的高手。

1. 认清自私才会少受自私的伤害

人性里有很多缺陷，自私就是最令人觉得悲哀的一个。自私的人凡事都想着自己，不顾别人，然而这样的人是很难在社会上立足的。

善民村有个农夫，他对佛非常虔诚。他的妻子因病去世后，他就请来了当地最著名的禅师为亡妻诵经超度。佛事完毕之后，农夫问道："禅师，你认为我的亡妻能从这次佛事中得到多少利益呢?"

禅师照实说道："当然！佛法如慈航普渡，如日光遍照，不只是你的亡妻可以得到利益，一切有情众生无不得益呀。"

农夫不满意地说："可是我的亡妻是非常娇弱的，其他众生也许会占她便宜，把她的功德夺去。能否请您只单单为她诵经超度，不要给其他的众生。"

禅师慨叹农夫的自私，但仍慈悲地开导："回转自己的功德以趋向他人，使每一众生均沾法益，是个很讨巧的修持法门。'回向'有回事向理、回因向果、回小向大的内容，就如一光不是照耀有一人，一光可以照耀大众，就如天上太阳一个，万物皆蒙照耀；一粒种子可以生长万千果实，你应该用你发心燃的这一根蜡烛，去引燃千千万万支的蜡烛，不仅光亮增加百千万倍，本身的这支蜡烛，并不因而减少亮光。如果人人都能抱有如此观念，则我们微小的自身，常会因千千万万的回向，而蒙受很多的功德，何乐而不为呢？故我们佛教徒应该平等看待一切众生！"

农夫仍然顽固地说："这个教义虽然很好，但还是要请禅师为我破个例吧。我有一位邻居张小眼儿，他经常欺负我、害我，我恨死他了。所以，如果禅师能把他从一切有情众生中除去，那该有多好呀！"

禅师以严厉的口吻说道："既曰一切，何有除外？"

听了禅师的话，农夫更觉茫然，若有所失。

人性之自私、计较、狭隘，在这位农夫身上表露无疑。只要自己快乐，自己能有所得，根本不管他人的死活！殊不知别人都在受苦受难，自己怎能一个人独享呢？世间万物，都是有事理两面的事，事相上有多少、有差别，但在道理上则无多少、无差别，一切众生都是平等的。自私常会导致恶果，不肯和人一起分享只会让你失去更多。

有一个村庄坐落在海边，村民们平时务农，有时也到海里捕鱼。

一天，村里的一位渔夫带着儿子来到与海相通的大湖边。他想，这个湖既然与海相通，可能会有很多鱼，于是他就在湖边开始钓鱼。他刚把钓钩扔进湖里，就勾住一个很重的东西，用力拉也拉不动。"看来是钓到一条大鱼了！"他兴奋地想着，不过又想："这么大的一条鱼，如果把它钓起来，被别人看到的话，大家肯定都会跑这里来钓鱼，那么湖里的鱼很快就会被别人钓完了，所以还是不要告诉别人的好。"

这位渔夫想了一会儿，便告诉儿子："你赶快回去告诉你妈妈，说爸爸钓到了一条很大的鱼，为了不让别人发现，要妈妈想办法和村里的人吵架，吸引大家的注意力，这样就不会有人发现我钓到了一条大鱼。”

儿子很听话地跑回去告诉了妈妈，妈妈心想：“只是和人吵架根本无法吸引全村所有人注意，我还是想点更好的办法吧。”于是她就把衣服剪出了很多洞，把儿子的衣服当帽子戴，还用墨把眼睛的周围擦得黑黑的，对于自己的扮相她很满意，便离开家在村子里走来走去。

邻居看到她，惊讶地说：“你怎么变成这个样子，是不是发疯了?”

她便开始大吼大叫：“我才没有发疯！你怎么可以这样侮辱我，我要抓你去村长那里，我要叫村长罚你的钱!”

村民们看到他们拉拉扯扯吵得很厉害，就都跟着来到村长家，看看村长如何判决。

村长听完他们各自的说辞，便向渔夫的妻子说道：“你的样子的确很奇怪，不论是谁看了都会问你是不是疯了，所以他不用受罚，该罚的是你！因为你故意打扮得怪模怪样还这样大吵大闹，严重扰乱了村民的生活。”

而湖边的渔夫在儿子跑回家之后，用力拉钓竿想把鱼拉上来，可是怎么拉也拉不动，他怕再用力会把鱼线拉断，便干脆脱光衣服跳进湖里去抓那条大鱼。

当他潜入湖里，仔细一看，才发现原来鱼钩是被湖底的树枝勾住，根本就不是钓到什么鱼！他非常地气恼，更为严重的后果是，当他伸手拨开树枝，不料钓钩反弹起来刺伤了他的眼睛！他强忍剧痛爬上岸来，又湿又冷，但是衣服又不知道什么时候被人偷走了，他只好光着身子沿路回村求救。

这对夫妻自私地想独占一湖的鱼，结果却弄得丈夫被刺伤，妻子要被罚钱，最后他们还一条鱼也没有得到，反而给人留下了笑柄。懂得分享的人，才能拥有一切，当你张开双手的时候，无限世界都是你的，如果你握紧拳头，你所能拥有的就只有掌心一点点的空间。过分在意自自己的所有，不肯与人分享，无视他人处在困苦之中的人，终究也会被他人抛弃。

生活中，有很多只为自己活着的人，他们不肯为别人的生活提供便利，更不肯为别人放弃自己的一点点利益，认识这一点，在社交活动中才会少受伤害。

 2. 长舌人无处不在

生活中我们常会碰到这样一种人：他们到处散布别人的流言蜚语，有时候可能是因为你得罪了他们，但有时候却是毫无理由地拿你练舌头。

谢冰为人善良，又十分要强。中专毕业后，她进了一家工厂。一进厂，厂里就组织她同进厂的 29 个女同事进行培训。四个月以后，只有谢冰一人分到科室工作，其他人全分到了车间。谢冰很高兴，在科室工作许多事要从头学起，她虚心向老同志请教，勤奋学习，细心观察别人对问题的处理方法。谢冰脑子比较灵，办事也有一定的能力。就在工作取得一定成绩的时候，她听到别人的议论，说她是靠不正当手段进科室的，说她与上司的关系不一般等等闲话。谢冰的上司有能力，但名声的确不好，而且粗鲁，经常开过头的玩笑，谢冰对他也很看不惯，但毕竟是上司，又能怎么样？所以谢冰对他敬而远之。可是有些同事总是背后议论她的品行，他们这些无中生有的议论，使谢冰心理压力很大，她没有使用任何手段使自己分到科室工作，她自认为是凭自己的本事得到这一份工作的。可是“人言可畏”！自从听到传言之后，谢冰处处小心，感到孤独、烦恼，工作积极性不高，精力很难集中起来，她该怎么办呢？

男女关系一向是长舌人最喜欢传播的小道消息之一。谢冰就成了被

流言所伤的受害者。喜欢搬弄是非的人“嗅觉”敏锐，你工作出了点成绩、家庭出了点问题，甚至于多接几个电话都会成为他们的“材料”，更何况谢冰是如此突出地被分到科室呢？长舌人就是要用流言蜚语这把软刀子伤人，看着别人痛苦他才高兴，幸灾乐祸是人性中阴暗的一面。

对于流言，我们首先要提高认识，人与人之间产生一些误会，有一些流言是不奇怪的。特别是有些人，为了自己的利益，总想制造一些谣言来骚扰别人。如果你由此十分生气，甚至痛不欲生，那大可不必如此。

如果在事情发生以前，你有了充分的认识，那么在受到不公正待遇时就不会影响你的情绪和生活，同时也说明你是一个意志十分坚强、头脑十分清楚的人。要提高对流言蜚语的认识，与那些喜欢搬弄是非的同事坦然相处。

事实上，有时候有些流言不容我们坦然处之，那些搬弄是非者散布某些流言不仅仅是因为闲着无聊，而是有一定目的的。

也正因为如此，我们对搬弄是非者应当区别对待，那就是要根据流言的性质和产生的影响程度，选择恰当的方法。

如果是一般的闲言碎语，那么就可以采取与对方交换意见、进行解释等方式。如果流言属于恶意诽谤的性质，而且证据确凿，那么，就应该诉诸法律。因为恶意诽谤者一般是不可能用交换意见的办法来解决的。

邓蕾是一个非常美丽又非常幸运的女人，结婚两年了，先生又帅又能干，对邓蕾更是好的没话说。而邓蕾在大型合资公司里又一帆风顺，老总器重，连连晋升。有一天，公司很重要的一名美国客户来访，经理就拉上邓蕾一起陪客户吃饭，没想到公司里就传出了邓蕾陪美国人进宾馆的说法，而且说得绘声绘色，丈夫气得暴跳如雷，要求邓蕾“说清楚”，婆婆说话连讽带刺，指责她轻浮，邓蕾由此精神受到刺激，再加上家庭关系日益紧张，她一时想不通，竟割脉自杀，后经抢救脱险。后来一调查，原来是单位里的一个爱传闲话的女同事散布的流言，法院以诽谤罪判处那个女同事管制一年，并赔偿邓蕾精神损失费9500元。

对于爱搬弄是非的难缠者，必要情况下，你就应该运用法律手段来保护自己。如果邓蕾在一开始就寻求法律保护，那么也就不会落到自杀求解脱的地步了。

人们都觉得与搬弄是非者很难相处，其难点在于他抱怨太多而很少有你插话的机会。如果你能提前与这些无事生非者在某个共同的事情上进行交流与合作，那么通常是可以避免受到他伤害的。

在与搬弄是非者交往中，你可以采用以下的策略：

（1）拒绝同流合污

与不同类型的人交往要有不同的表现形式。与比自己强的人交往，需要诚恳、虚心；与不如自己的人交往，需要谦和、平等。而和那些搬弄是非的人交往，则需要正直、坦荡。

拒绝答应对同事间的闲言碎语或是流言蜚语保密，有问题就摆在桌面上，以便大家共同解决。认识事物要有正确的方法，要有一定的是非标准。一句话，就是看问题要全面，要有自己的见解，要不偏不倚，不能偏听偏信。

背后议论别人是一种不道德的行为，帮助别人改正这种习惯也是应该的。帮助搬弄是非者改变这种恶习行之有效的方法是：尊重对方，以朋友式的姿态善意地规劝对方，要向他表示你的诚意和立场，适当的时候还要与他合作。再就是，想法巧妙地引导对方获得正确的认识人的方法。

（2）冷淡回应对方

有些人搬弄是非的恶习已成为其性格特点，那么你就干脆不理睬他。

不要认为那些把是非告诉你的人是信任你的表现，他们很可能是希望从中得到更多的谈话材料，从你的反应中再编造故事。所以，聪明的人不会与这种人推心置腹。而令他远离你的办法，是对任何有关传闻反应冷淡、置之不理，不作回答。

（3）保持一定距离

有时候，尽管你听到关于自己的是非后感到愤慨，表面上你必须努力控制自己的情绪，保持头脑冷静、清醒。你可以这样回答："啊，是吗？人家有表示不满、发表意见的权利嘛。"或者说："谢谢你告诉我这个消息，请放心，我不会在意的。"如此，对方会感到无空子可钻，他也不会再来纠缠不休了。

如对方总是不厌其烦地把不利于你的是非辗转相告，以致对你的情绪造成莫大的负面影响，你应拒绝和他见面或不接他来的电话，此类人不宜过多交往。

长舌人为达目的不择手段，剑走偏锋，专拣一般人想不到的地方下手，而他们搬弄的是非也常会对你产生负面的影响，喜欢搬弄是非的人脸上没有标着记号，有的甚至还会以一副亲切地"老大姐"、"老大哥"的形象出现在你面前，所以你必须学会保护自己的隐私，提高警觉。

3. 要及时认识到对方的真实目的

每个人都有私心，人们做什么事都是先考虑到自己的利益，假如有人拼命为你着想，那你就要小心了，也许对方正在打什么歪主意呢！丁宇就吃过一回这样的亏。

丁宇的顶头上司朱经理终于升为总经理了，而丁宇却破产了，因为负债累累，只能东躲西藏。事实上，正是丁宇的负债累累换得了朱经理的高升，故事的来龙去脉是这样的：

那天，丁宇去银行取款；打的回来，到了公司门口，下了车才发现皮包破了，钱丢了一半，天啊！整整19万啊！丁宇吓得脸色苍白，飞奔着跑到朱经理的办公室详细汇报了情况，他沉默了一会儿说：

"这件事千万不能让人知道!"

"什么意思呢?"

丁宇不明白他话里的意思。

他诚恳地为丁宇分析："你是非常正直又认真的人，这一点我知道。你刚才所说的，大概也不是谎话，但是，公司会怎样想呢?"

丁宇默不做声、不知所以，还是没有明白他的意思。

朱经理说："公司也许会认为，这个职员说是遗失贷款，说不定是拿进自己的腰包里。大部分人一定会这么认为的。我是十分信任你的，我肯定不这么认为，但是公司一定会持这种看法。你还年轻，可以说前途无量。如果被公司怀疑了，你以后的日子怎么过呢? 我是为你担心啊!"

丁宇一下被他的话震呆了，全身颤抖。

"19万元的确不是一笔小数目。但是，它却换不回你的大好前途。我若是你，不会把这件事张扬出去，而会想办法补足这一笔款项。"

丁宇咀爵着他的话，不知不觉中觉得他的话越来越有道理——那家伙说钱是被人偷走，其实全都放进自己的口袋里了——同事的这些指指点点如在耳边。就依经理所说的，想办法填补这19万元吧……

经理听后，大加赞赏："这才是最明智的做法。"然后又加上一句："为了你的将来，我绝对不会对任何人说。所以，你千万也不要对任何人提起这事。"

丁宇拿出了自己和父母的积蓄，又托朋友向别人高利息借了钱，补足了丢失的贷款。

后来，丁宇明白了，朱经理把这件事隐藏起来，说是为丁宇着想，其实完全是为自己。

丢了这么多钱，他作为丁宇的上司也要负很大责任，作为工作失误，丁宇当然会受到处罚，但境况总比经理要好，同事也未必如他说的那样怀疑丁宇。

与人交往时，头脑要保持清醒，千万不要被人家骗得说东是东，说西是西，要学会客观地分清前因后果，而不是被人牵着鼻子走。

当我们遇到事情，特别是遇到让人措手不及的事情时，我们就会希望有人能帮我们出出主意，指点一下迷津，这时候就要注意两个问题：一是尽量不要找与这件事有关的人想办法，很明显，他也是当事人，他一定会希望事情朝着有利于自己的方向发展，你找他帮你出主意，无异于与狐谋皮，他不肯帮你出主意还算好的，万一他帮你出点什么馊主意，你可能就会因此而无法翻身了。在这个故事中，朱经理明明应当为丢钱的事承担一部分责任，他却摆出一副事不关己的样子，为了保住自己的职位，将过失全部转到丁宇头上，在丁宇还没弄清事情的严重程度前让他成为了惟一的牺牲品，不要怪朱经理太奸诈，关键是丁宇没有必要的警觉心，所以才会糊里糊涂地上了人家的当。丁宇本来就应该想到的，朱经理热心给自己出主意的背后，肯定有为他自己打算的想法，“人心隔肚皮”，太相信别人就只会让自己受到伤害。

世界上有全心全意为别人打算的好人，但大多是在事不关己的情况下，总之，遇事别太相信别人，自己考虑清楚再做决定才不会吃亏。

4. 警惕笑里藏刀之人

人际交往中的明争暗斗，往往披着美丽的外衣，你要是被迷惑住了，那就会一败涂地。比如《红楼梦》里的王熙凤，被人称为“明里一盆火，暗里一把刀”，表面上对尤二姐客套亲切，背地里却玩弄各种手段，欲置尤二姐于死地，当然，“当面陪笑脸，背后捅刀子”多半都是因为竞争，王熙凤陷害尤二姐便是为了夺回丈夫的宠爱。所以当你和别人有了竞争关系后，就应该做到心中有数才行。

老冯和老周是好朋友，也是相处不错的同事。他们公司的新经理制定了一个奖励措施，谁创效益最多将给一个特别奖，金额颇为可观。老冯非常希望获得这笔钱，因为他的孩子明年上大学急需要一笔钱；老周也对这笔钱看得很重，因为他爱人整天向他嘀咕谁的老公又挣了辆小车谁的老公又升了一个职位……老周极其希望借着新经理的改革举措，为自己在夫人面前扬眉吐气。老冯疯狂地跑业务，绞尽脑汁地联系，有时，也将自己的情况诉说给老周。老冯不相信同事之间会失去真诚和友谊，他认为几年来他俩已相处得挺好了。忽然间，老冯发现自己的一些客户都支支吾吾、言而无信了。他不明白为什么。有人告诉他，他的客户听说他是品行恶劣的人，喜欢擅自将商品掺假，自己从中获取非法利益……总之，关于他的谣传很多。年底的时候，老周获得了特别奖。老冯从老周的业绩单上顿悟过来了。他的嘴里不断地喃喃自语：怎么会这样？怎么会这样？

老冯的失误在于他没有认清这种对立矛盾的现状，反而盲目信任同事。在没有竞争的日子，也许大家能做到彼此相悦，其乐融融，一旦进入角斗场，角色就变成了有“对立矛盾”的人。

在竞争中，除非一方自愿放弃，否则，必然有刀光剑影的闪烁、明枪暗箭的中伤，令人防不胜防、难以回避。

当你棋逢对手时，你的情感、理智、道德、功利都遭遇最大的考验。当你想获得成功的时候，是否不遵守道德准则；当你坦诚地面对竞争者，对方是否正在利用你的善良和诚意进行攻击……

有人就曾对这种表面端笑脸，背后“捅刀子”的做法，做过一番评论：“他们只要能达到自己的目的，别人亡身灭家，卖儿贴妇，都不会顾忌；他们的成功诀窍在于，凶字上面定要蒙一层仁义道德。”“害人之心不可有，防人之心不可无”，我们不去向别人“捅刀子”，但也不能傻傻地等着别人害自己，这就要求我们对这种阴险的人有所防备，竖起警戒网，不给对方机会出“刀子”。

5. 好心未必得到好报

人与人相处总免不了要互相帮忙，但也不是帮助对方越多越热情越好，因为很多时候好心也会变成驴肝肺，苏来就吃过这种亏。

苏来是个热情善良的女孩，毕业后顺利地进入一家大公司当上了“白领”，她工作认真，人缘也不错，尤其是和她们组里的一个女孩相处得非常好。她们的友情也不断深化，发展到了各自的私交圈子，对方的朋友也都十分熟悉。两人常拉上各自的男朋友一起逛街、郊游、野餐什么的。有时四个人还坐在一起搓麻将，公司里的其他同事都特别羡慕她们。

但这种融洽的关系却在有一天出现了难以弥合的裂痕，起因是公司里新来的副总经理。女孩从见到他第一眼起，就很不自然，副总经理也是，两人坐在那里，并不说话，却有一种微妙的气氛。下班时，女孩突然“消失”了，而平常她们都是一同坐车回家的，即便临时有事，也会先打个招呼。苏来问了门卫大爷，说她是和副总经理一同出去的。

第二天，女孩红肿着眼睛来上班。回家的时候，没等苏来问，她就主动和盘托出：副总经理是她大学时的同学，他们曾经谈过恋爱，后来因为副总经理毕业后去了美国，两人断了往来。副总经理经过一次失败的婚姻，再见女孩，有了和她重温旧情的想法。说着说着，女孩忍不住掉起眼泪来。

苏来和这个女孩子就这个事情作了亲密的交谈，并劝她想清楚，别伤害了现在的男朋友。但是没想到，自从那次之后，女孩和她渐渐疏远，许是后悔让她知道了这个秘密。终于有一天，她开始在同事间放风，说苏来做事常常偷懒，完不成的任务都要她帮她顶着。苏来觉得委屈极了，自己并没有得罪过她，在她伤心的时候还好心安慰过她，没想到她竟反过来咬人。常听有人呼吁“朋友间要保持点距离”，这样做不仅可以保持新鲜感，还可以避免交往过密。和人交往过密，就会对对方知根知底，这样一来万一风向有变，你就会成为他的重点防范对象。所以对方的隐私，对方的伤心史能不听就别听，更不要滥施你的情感，你同情他，说不定他转眼间就会为自己的一时脆弱而后悔，甚至转而恨你，害你。

沈明的遭遇比苏来更惨，苏来不过是被诽谤，而沈明的好心，却差点没换来牢狱之灾。2006 年 3 月沈明从某国企下岗了，于是他就找了当地的一家汽车加油站上班，他的工作是会计，老板对他相当不错，出纳张某更是拉着他称兄道弟。沈明对这份工作满意极了，一段时间后，他和张某越来越熟悉，两人常在一起吃吃喝喝，有一次两人洗浴时，张某半开玩笑地说了一句：“其实弄点钱是很容易的，你想如果咱哥俩儿联手，那钱还不像流水一样啊!”沈明当时回了他一句“别开玩笑了!”以后张某没再提起过这件事。但沈明却起了疑心，一次他翻了翻以前的账目，发现有不对劲的地方，他考虑了再三，就把张某约了出来，问他到底是怎么回事，并要将这件事告诉老板。张某一听，吓得哭了，他跪在地上求沈明高抬贵手，并表示将筹点钱，把账补上，沈明当时心就软了，自己要是现在告诉老板，那张某非得进监狱不可，还是给他个机会吧！一个星期、两个星期……每次催张某，张某就说自己正在筹钱，沈明正着急时，这边就东窗事发了：老板请人查账时发现了张某贪污的痕迹，警察带走了正准备举家外逃的张某，还有一脸惊慌的沈明，因为张某一口咬定沈明收了他的钱才没检举他。

就这样沈明又惊又怒又怕地在看守所蹲了四天才被放出来，这场虚惊倒给沈明一个教训：那就是好心也不能滥用。

生活中，热心肠的人通常人缘好，但常常是热心肠的人容易上当、受骗、吃亏。因为热心肠的人对谁都没有戒心，总是摆出一副“哪里有难哪有我”的样子，因此常被人抓来利用。比如在这个故事里，沈明明知道张某犯的是贪污的大罪，还好心地想给他“悔改”的机会，结果张某被抓时就拉沈明“垫背”。我们再设想一下，假如张某把钱还上，沈明帮他把这件事掩饰过去了又会怎么样？开始张某自然会对沈明千恩万谢，但过一段时间张某就会忐忑不安，担心沈明把事情说出去，再然后他就会想办法暗算沈明，把他踢走，让心里的大石落地。所以，千万不要对一些违反原则的人付出你的热心，那样做必定会伤害到你自己。

热心帮助别人会使人与人之间的关系更加融洽，但前提是要选对人、分清事，别稀里糊涂地卷进是非里。

6. 警惕“甜头”背后的“苦头”

钓鱼的人要下饵，骗子往往诱人以小利，许多“聪明人”在见到“甜头”的时候，就忘了“天上不会掉馅饼”的道理，不加防备地走进人家设好的圈套，以至于不得不独自品尝更大的“苦头”。

11岁的布鲁克林和父亲在芝加哥一条热闹的大街上漫步。经过一家服装店，门口站着一个笑容可掬的圆脸男子。他一见布鲁克林他们，立刻向他父亲伸出手来，一副兴高采烈的样子，嚷嚷道：“先生您请进，欢迎您光临本店！我们有一种漂亮的服装，配您的身材再好不过了！今天大减价，您可别错过良机啊！”

布鲁克林的父亲说：“不，谢谢！”他们继续散步。布鲁克林回头扫了一眼，那位能说会道的推销员又缠上了另一个人。他抓着那人的胳膊，边向他介绍一种蓝色带条纹的套装如何如何，边拉着他进了店铺。

“这对康纳利兄弟呀，”父亲轻轻笑道，“他们靠装耳朵聋赚的钱已经供三个孩子上了大学。”

奇怪，装聋也能发财？接着，父亲为布鲁克林解开了疑团。

原来，两兄弟中的一个把顾客哄骗进店里，劝说顾客试试新装是易如反掌的，这样前前后后摆弄一阵，顾客最后总要问道："这衣服价钱多少？"

这位康纳利先生就把手放在耳朵上大声说："你说什么？"

"这服装多少钱？"顾客高声又问了一遍。

"噢，价格嘛，我问问老板。对不起，我的耳朵不好。"

他转过身去，向坐在一张有活动顶板的写字台后面的兄弟大声叫道："康…纳利…先生，这套全毛服装定价多少？"

"老板"站了起来，看了顾客一眼，答话道："那套吗？72美元！"

"多少？"

"七…十…二美元。""老板"喊道。

他回过身来，微笑着对顾客说："先生，42美元。"顾客自认为走运，赶紧掏钱买下，溜之大吉。

这场骗局的妙处，就在于康纳利兄弟的狡猾欺诈与顾客急不可耐的上钩配合默契。生活中这类的事情也屡见不鲜。

一天，牛大爷去城里看望儿子儿媳，走到半路上，突然见到一个精美的首饰盒滚到他的脚边。身旁的一个小伙子眼尖手快，急忙捡了起来，打开一看，里面竟然有一条金项链，还附着一张发票，上面写着某某饰品店监制，售价2800元。牛大爷当即拽住小伙子，让他在原地等候失主；可是等了老半天，还是没人来领。

那个小伙子便小声提议两个人私分，说："给我一千元，项链归你。"边说边朝巷口走去。牛大爷一听，这怎么可以，但是看看项链，心里就有点动摇了。他心想："我可以把它送给我的儿媳妇，当年她嫁过来的时候，我们手头不宽裕也没怎么给她买过东西。这次去看他们，正好把这个项链送给她，她一定会很高兴的，这也是我这个做公公的一番心意嘛。"

牛大爷的犹豫没有逃过小伙子的眼睛，他更是一个劲地说这条项链有多好，今天运气好才会遇到的。牛大爷经不住小伙子的游说，便说：

“可是我没有这么多钱，我是来城里看我儿子的，身上只带了八百块钱。”

小伙子故作大方地说：“这样呀，没关系，我就吃点亏，谁叫您年纪比我大呢?”

于是，牛大爷就把好不容易凑到的八百块钱给了小伙子，拿着那条金项链美滋滋地向儿子家走去。

一到儿子家，他便把路上的事情跟儿子儿媳说了，还拿出那条金光闪闪的项链送给儿媳妇。小夫妻俩一听就不对，果然，那条项链根本就是假的。

牛大爷这才恍然大悟，原来人家设了一个陷阱让他跳，他非常懊恼，因为那八百块是准备给还没出生的小孙子买东西的。

牛大爷因为贪吃天上掉下来的馅饼而掉进了圈套中，其实，这些陷阱都是人们自己挖掘的；而人生最可怕的，莫过于跳进自己亲手挖下的陷阱中!

一分辛苦一分收获，世界上没有不劳而获的事情。不要被突如其来的实惠或好运迷惑，其实天上是不会掉馅饼的，然而生活中的陷阱实在太多了。金钱、名誉、地位、美女、机遇……其实所有的陷阱都有一个共同特点：就是抓住人们爱贪便宜的心理，使人像中了魔似的不能脱身，毫不犹豫地掉进陷阱里。掉进陷阱里的人，全都是因为贪恋不该属于自己的东西，被不属于自己的东西所诱惑，结果总是得不偿失的。

有时候仅需要蝇头小利，就可以让一些“聪明人”变成傻子，生活在这样一个充满诱惑的时代，你需要保存一分对世事的清醒，面对诱惑多一些思索、多一分清醒，就不会被生活的陷阱欺骗、套牢了。

第十三章

用软招抵挡社交中的明枪暗箭

必须承认社会的复杂性，在社交场合，你会碰到各种各样的人和事，如果没有一点防范意识，就很容易在明枪暗箭的攻击下中招落马。但是社交场毕竟不是战场，最有效地保护自己的方式不是立马横刀的硬招，而是于无声处听惊雷的软招。

 1. 锋芒毕露者最容易受伤害

俗话说“出头的椽子先烂”，说的是做人不可太露头的道理，《庄子》中的“直木先伐，甘井先竭”说的也是这个道理，挺拔的树木容易被伐木者看中，甘甜的井水最容易被喝光。同样，在人生的竞技场上，不加选择而处处锋芒毕露的人很容易受到伤害。

当然，人要向着胜利的终点奋斗。“显露才华”作为一种必要的进取手段，还是要施行的，但一定要掌握好时机，同时，“露”还要掌握一定的方法和技巧。否则，容易招致忌妒和猜疑，使得人在进取的道路上平添不必要的麻烦和阻力，妨碍自身才能的发挥，自身的才能也无法充分“露”出来。另外，“露”是为了做好事，而非显出别人的能力低，恃才傲物，目中无人不可取。简言之，即态度要端正。

三国时，曹操军营中有个主簿，名叫杨修，才华横溢，思维敏捷，但后来却因恃才傲物，最终被曹操以造谣惑众、扰乱军心之罪而斩首。

曹操曾建造一个园子，造成后，曹操去看时，没有发表任何意见，只挥笔在门上写了一个大大的“活”字，众人不解，只有杨修说：“门里添个‘活’字，就是‘阔’了，丞相嫌这园门太阔了。”众人这才恍然大悟，工匠赶紧翻修，又过几日，曹操再来看时，见园门按自己的意思改了，心里非常高兴。但是当他得知是杨修把他的意思猜透时，嘴上不说，心里却已经开始妒忌杨修了。

古语云：“木秀于林，风必摧之；堆出于岸，流必湍之；行高于人，众必非之。”杨修便是那秀于林之木，然而他“秀”的有些不是地方。他总是在无关重要的地方炫耀自己的才能，以致招来曹操的妒忌。才能用错了地方反而加速了失败。后来，终因要小聪明点破曹操的心计而被借故斩首。

后人有两句诗叹杨修之死，诗曰：“身死因才误，非关欲退兵。”这两句诗可说是一语道破杨修的死因。老子曾说过一段话，“不自见，故明；不自是，故彰；不自伐，故有功；不自矜，故长。”也就是说，为人要谦虚诚恳，不可锋芒毕露，盛气凌人。

看来，露与不露，关键在“度”，在时机，抓住机遇露一把，就可能一鸣惊人，功成名就。切不可露而无方，否则一步不慎，就可能事事不顺，倒霉透顶。这一点，杨修的例子或许能给我们带来一些现实的启示。

在现实生活中存在着这样一种自视颇高的人，他们锐气旺盛，锋芒毕露，处事不留余地，处处咄咄逼人。他们往往有着充沛的精力，很高的热情，也有一定的才能，但这种人却往往在人生旅途上屡遭波折。有一位分配到某单位的大学生，他下车间伊始，就对单位的这也看不惯，那也看不顺，未到一个月，他就给单位领导上了洋洋万言的意见书，上至单位领导的工作作风与方法，下至单位职工的福利，都一一综列了现存的问题与弊端，提出了周详的改进意见。他的所作所为招来了众多的妒忌和排斥，结果被退回学校再作分配。

作为一个只知锋芒毕露而不知自我防护者的典型，这位大学生由于在工作上又不注意讲究策略与方式，结果不仅妨碍了个人才能最大限度地服务于社会，还招来了妒忌和排斥。

 2. 人生的风险无处不在

有这样一个颇有深意的寓言：

一个生前十分胆小，一辈子担惊受怕的灵魂，来到了万能的上帝面前，请求他给自己一个最安全最快乐的来世之身。

上帝说："那你就去做人吧。""做人有风险吗?"灵魂问。"有，勾心斗角，残杀，诽谤，夭折，瘟疫……"上帝答道。"另换一个吧!""那就做马吧!""做马有风险吗?""有，受鞭笞，被宰杀……"他又要求换一个。换成老虎，得知老虎也有风险。"啊，恕我斗胆，看来只有上帝您没风险了，我留下，在你身边吧!"这个灵魂突然请求道。上帝哼了一声："我也有风险，人世间难免有冤情，我也难免被人责问……"说着，上帝顺手扯过一张鼠皮，包裹了这个魂灵，把他推到下界来："去吧，你做它正合适。"

这个寓言的含义也许是多维的，但我们首先能从中感到这样一层意思，那就是在任何一种生命的历程中，风险几乎无处不在，无时不有。妄想处于一个没有风险的世界，只能是天外奇谈。

那么，既然如此，对于这种冷冰冰的现实状况，我们必须拿出一个切实有效的对策来。

惧怕风险和打击是我们面对社会的一种强大恐惧心理，如果一个人从孩童时期即被灌输这种恐惧感，那么这种十分不利的心理因素往往将

终生陪伴着你，这样，对于风险，你将始终处于一种被动挨打的境地。这显然将大大不妙。

而许多站在成功之巅的人则会放言：世界上根本不存在什么风险和失败。所谓的外来打击，那只是因为自身太弱小的缘故。

这种说法虽然自有其一定的道理，但毕竟也属于“过来人”站着说话不腰疼的表现。对于普通人而言，必须承认风险和打击的客观存在，在人生的征战过程中，既不能因此而畏首畏尾，缩手缩脚，也不能目空一切，不加防范。前者将使人一事无成，后者将导致“光荣率”极高。这两种错误的认知和行为，实际上正是人生状况的两种极端表现，都是我们所力求避免的。

3. 审视自己的同船之人

我们都知道，现实中的绝大部分事业，都是不可能靠单打独斗完成的。在很多时候，面对着隔岸的目标，要想成功越过中间横亘着的惊涛骇浪，我们必须要有同舟共济之人。

“同舟共济”本来的意思，只是大家同乘一条船过河。而现在的意义则是指在困难面前，彼此能够互相救援，同心协力。在通常情况下，同舟共济之人是应当齐心协力乘风破浪的。但天下没有不散的筵席，建立在一定利益基础之上的“同舟”，总有各奔东西的一天。那么，在“同舟”的时候到底应该如何做呢？事实上，在一些时候，同舟之人未必总能共济，因此，我们有必要多长点心眼儿，予以防备。因为一旦同舟之人对你动手脚，那肯定会是又阴又毒的，甚至能一下子置你于死地。

王安石在变法的过程中，视吕惠卿为自己最得力的助手和最知心的朋友，一再向神宗皇帝推荐，并予以重用。朝中之事，无论巨细，王安石全都与吕惠卿商量之后才实施，所有变法的具体内容，都是根据王安石的想法，由吕惠卿事先写成文及实施细则，交付朝廷颁发推行。

当时，变法所遇到的阻力极大，尽管有神宗的支持，但能否成功仍是未知数。在这种情况下，王安石认为，变法的成败关系到两人的身家性命，并一厢情愿地把吕惠卿当成了自己推行变法的主要助手，是可以同甘苦共患难的“同志”。然而，吕惠卿在千方百计讨好王安石，并且积极地投身于变法的同时，却也有自己的小算盘，原来他不过是想通过变法来为自己捞取个人的好处罢了。对于这一点，当时一些有眼光、有远见的大臣早已洞若观火。司马光曾当面对宋神宗说：“吕惠卿可算不了什么人才，将来使王安石遭到天下人反对的事，一定都是吕惠卿干的！”又说：“王安石的确是一名贤相，但他不应该信任吕惠卿。吕惠卿是一个地道的奸邪之辈，他给王安石出谋划策，王安石出面去执行，这样一来，天下之人将王安石和他都看成奸邪了。”后来，司马光被吕惠卿排挤出朝廷，临离京前，一连数次给王安石写信，提醒说：“吕惠卿之类的谄谀小人，现在都依附于你，想借变法之名，作为自己向上爬的资本。在你当政之时，他们对你自然百依百顺。一旦你失势，他们必然又会以出卖你而作为新的进身之阶。”

王安石对这些话半点也听不进去，他已完全把吕惠卿当成了同舟共济、志同道合的变法同伴。甚至在吕惠卿暗中捣鬼被迫辞去宰相职务时，王安石仍然觉得吕惠卿对自己如同儿子对父亲一般地忠顺，真正能够坚持变法不动摇的，莫过于吕惠卿，便大力推荐吕惠卿担任副宰相职务。

王安石一失势，吕惠卿被厚脸掩盖下的“黑心”马上浮上台面。他不仅立刻背叛了王安石，而且为了取王安石的宰相之位而代之，担心王安石还会重新还朝执政，便立即对王安石进行打击陷害。先是将王安石的两个弟弟贬至偏远的外郡，然后便将攻击的矛头直接指向了王安石。

吕惠卿的心肠可谓狠得出奇。当年王安石视他为左膀右臂时，对他无话不谈。一次在讨论一件政事时，因还没有最后拿定主意，王安石便写信嘱咐吕惠卿："这件事先不要让皇上知道。"就在当年"同舟"之时，吕惠卿便有预谋地将这封信留了下来。此时，便以此为把柄，将信交给了皇帝，告王安石一个欺君之罪，他要借皇上的刀，为自己除掉心腹大患。在封建时代，欺君可是一个天大的罪名，轻则贬官削职，重则坐牢杀头。吕惠卿就是希望彻底断送王安石。虽然说最后因宋神宗对王安石还顾念旧情，而没有追究他的"欺君"之罪，但毕竟已被吕惠卿背后的刀子刺得伤痕累累。

人际交往中，永远都不乏这样的人，当你得势时，他恭维你、追随你，仿佛愿意为你赴汤蹈火；但同时也在暗中窥伺你、算计你，搜寻和积累着你的失言、失行，作为有朝一日打击你、陷害你的秘密武器。公开的、明显的对手，你可以防备他，像这种以心腹、密友的面目出现的对手，实在令人防不胜防。所以，同舟者未必共济，与人共事时务必要多留防范心。

4. 要学会用"拟态"和"保护色"

在动物世界里，"拟态"和"保护色"是很重要的生存法宝。"拟态"一般是指动物或昆虫的形状和周围的环境很相似，让人分辨不出来，从而达到保护自己的目的。例如有一种枯叶蝶，当它停在树枝上时，褐色的身体就像一片枯叶一般。"保护色"是指身体的颜色和周围环境的颜色接近，当它在这个环境里时，它的天敌便不易找出它来。比如蚱蜢好吃农作物，它的身体是绿色的，这颜色便是它的保护色。

因为有"拟态"和"保护色"，所以大自然中一些较弱的生物才能世代繁衍，维持起码的生存空间。

在人的世界里，同样也有“拟态”和“保护色”的行为，最具体的例子便是间谍。从事这种工作的人要隐藏自己的身份，并且要避免被人识破，他们所使用的“拟态”和“保护色”就是在角色扮演上尽量和周围人接近，让人分不出他是“外来者”。所以间谍要执行任务时，都要先模拟当地人的生活，穿当地人的衣服，说当地人的话，吃当地的食物，研究当地的历史、民俗，为的是把自己“变成”当地人，以免被人辨识出来。这是人类对“拟态”和“保护色”的运用。

当然，我们不是间谍，可是在险象环生的人生征程中，我们有必要对“拟态”和“保护色”有所了解，并且好好运用。尤其当我们和周围环境相比较呈现明显的差异时，更应该好好运用这两种能力。

例如：初到一个新单位，应尽量入乡随俗，认同这个单位的文化，随着这个单位的节奏呼吸；也就是说，遵守这个单位的规矩和价值观念。这是寻找“保护色”，避免自己成为与周围环境格格不入的人，否则会造成别人对你的排挤；如果你一意孤行，自以为是，那么苦日子必定跟着你。当你的“颜色”和周围环境取得协调后，你已成为这个环境中的一分子，而达到“拟态”的效果。到了这个地步，你起码的生存环境就已经营造好，不致发生问题了。

“拟态”的特色之一是静止不动，有“保护色”，又静止不动，那么谁也奈何不了你。因此，为了避免不必要的灾祸，有时需要遵守“静止不动”的原则，也就是说，不乱发议论，不结党营私，好让人对你“视而不见”，那么就可以把危险降到最低程度。

有些人在家被抢，是因为房子装潢得太漂亮，让人一看就以为是有钱人家；有人半夜遇劫，是因为戴着名贵首饰。这是因为他们不知“拟态”和“保护色”的作用，相形之下，有些大富翁出门一袭粗衣，以计程车代步，这种人就深懂“拟态”和“保护色”的奥妙。

“拟态”和“保护色”的本能是生物演进的结果，“弱者”有，“强者”也有。“弱者”是为了自身安全，“强者”则是为了更好地出击进攻去攫取猎物。大自然的奇妙，其实也一样存在于人性丛林之中，这很值得我们好好体会。

5. 是非之中要多算计

如果在人生的战场上，一不留神不幸陷入了一个尔虞我诈的“迷魂阵”，那么，此时免除被人暗算的最直接的方法，就是你比他多算一步。这是人际智慧较量。就好比下棋，对方能算到第三步将你的军，你能在第四步暗伏一个笨象留作后手，即使不能反败为胜，起码也能先保自己大难不死。

春秋时，楚平王无道，宠信奸臣费无忌，荒废国政，父纳子媳，朝纲不振，法纪荡然。时太子建居于城父（地名），统兵御外，平王又信谗言疑太子谋反，乃召太傅伍奢询问。伍奢说：“大王纳太子妃充实后宫，已经有背人道；又疑太子谋叛，太子是大王骨肉之亲，难道大王竟信谗贼之言，而疏父子之信乎？”平王既惭且怒，就把伍奢囚禁监牢。

费无忌乘机进谗：“启奏大王，伍奢有两个儿子，一名伍尚，一名伍员，皆人中之杰。他们听到父亲被囚，安有坐视之理？必投奔吴国，为大王心腹之患。不如使伍奢函召二子来都，子爱其父，必能应召而来。那时斩尽杀绝，岂不免除后患？”平王大喜，即命伍奢作书如子。伍奢说：“臣长子伍尚，慈温仁厚。臣召之，或可来。次子伍员，为人警惕机智。见臣被囚狱中，安敢前来送死？”平王说：“你但写无妨！”

伍奢只得奉旨作书。平王遣使者至城父，以书示伍尚，备致贺意说：“大王误信人言囚尊翁，得群臣保奏，谓君家三世忠良，宜即开释，大王即刻省悟，即拜尊翁为相国，封君为鸿都侯，封令弟为盖侯。请即上道面君，以慰尊翁之望。”伍尚一点也不怀疑，看完信就转交伍员。

伍员，字子胥，有经文纬武之才，扛鼎拔山之勇。反复拜读父亲的来信后，他觉得其中颇多疑问，说："平王因我和哥哥在外，不敢加害我父。用父亲的信来诱我二人前往，好一同杀掉，断绝我们报仇的念头。兄看信以为真，则大谬矣。"伍尚以父子之爱，恩从中出，即使同遭大戮，亦无遗憾。伍员则以与父俱诛，无益于事，坚不前往。兄弟二人，遂各行其事，伍尚以殉父为孝，伍员以报仇为孝，于是分道扬镳。伍尚至都城，果与老父伍奢并戮于市；伍员则逃至吴国，佐公子姬光，取得吴国王位，是为吴王闾阖。及楚平王死，其子轸即位，为楚昭王。

伍员在吴，听到楚平王已死，日夜于吴王前请命伐楚。吴王准许之，遂陷楚都郢城，楚昭王出奔。伍员遂掘平王墓，出其尸，鞭之三百。

伍子胥能见机识诈是他的高明处，有了多算的这一步，才有了他后来的奇功。伍子胥计高一招后采取的是逃跑的办法，但如果你逃无可逃又当如何？

有一种说法，就是"真正聪明者，往往聪明得让人不以为其聪明"。这话不无道理。古往今来，聪明反被聪明误者可谓多矣！倒是有些看似"笨"的人，却成为事实上最聪明的人。

洪武年间，朱元璋手下的郭德成，就是用一种最笨的做法达到了自己的目的。

当时的郭德成，任骁骑指挥。一天，他应召到宫中，临出宫时，明太祖拿出两锭黄金塞到他的袖中，并对他说："回去以后不要告诉别人。"面对皇上的恩宠，郭德成恭敬地连连谢恩，并将黄金装在靴筒里。

但是，当郭德成走到宫门时，却又是另一副神态，只见他东倒西歪，俨然是一副醉态，快出门时，他又一屁股坐在门槛上，脱下了靴子——靴子里的黄金自然也就露了出来。

守门人一见郭德成的靴子里藏有黄金，立即向朱元璋报告。朱元璋见守门人如此大惊小怪，不以为然地摆摆手："那是我赏赐给他的。"

有人因此责备郭德成道："皇上对你偏爱，赏你黄金，并让你不要跟别人讲，可你倒好，反而故意露出来闹得满城风雨。”对此，郭德成自有高见：“要想人不知，除非己莫为，你们想想，宫廷之内如此严密，藏着金子出去，岂有别人不知之道理？别人既知，岂不说是我从宫中偷的？到那时，我怕浑身长满了嘴也说不清了。再说我妹妹在宫中服侍皇上，我出入无阻，怎么知道皇上不是以此来试一试我呢？”

如此看来，郭德成临出宫门时故意露出黄金，确实是聪明之举。从朱元璋的为人看，这类试探的事也不是不可能发生。郭德成的这种做法，与一般意义上的大智若愚又有所不同，他不只是装傻，而且预料到可能出现的麻烦，防患于未然。

所以俗语说：吃不穷，用不穷，算计不到一世穷！在是非之境多算计，小则不会轻易被是非缠身，大则能让自己顺利避开明枪暗箭，从而保全己身。

6. 防奸须先识奸

对于正大光明前来挑战的对手，我们只需凭实力去应对就行了，然而对于那些躲在暗处的奸滑小人，防备起来恐怕就不那么容易了。然而，任何事其实都是防范于未然，才能做到有备无患。因此，如若能练就在事前先识别出奸诈小人的本领，则可将伤害降到最低程度。

东汉末年，刘备和许汜闲谈，谈到徐州的陈登时，许汜突然说：“陈登这人太没教养，不可结交。”

“你有根据吗？”刘备感到惊异。

“当然有”，许汜说：“前几年，我去拜访他，谁想他一点诚意也没有，不但不理人，而且天天让我睡在房角的小床上。”

刘备笑着说：“他这样做是对的。你在外边的名气大，人们对你的要求也就高了。当今之世，兵荒马乱，百姓受尽了苦。你不关心这些，只打听谁家卖肥田，谁家卖好屋，尽想捞便宜。陈登最看不起这样的人，他怎么会同你讲心里话？他让你睡小床，还算优待哩。若是我，就让你睡在湿地上，连床板也不给的。”

刘备的这番话虽然针对的并不是那种奸诈的敌人，然而他所指出的识人方法值得深思。

一般而言，了解、识别奸人的办法有七种：一是通过某些是非问题来了解其立场；二是追根问底地进行追问以了解其应变、答辩能力；三是通过询问计谋来了解其学识；四是告诉危难情况和灾祸来了解其胆量和勇气；五是用酒灌醉后来了解其修养；六是给予其得到财物的机会以观察其是否廉洁；七是嘱托其办事以观察其是否守信用。即识别人要从各个角度进行。

而作为一个负有某种较大责任的人，要想区别谁是小人谁是君子，千万不能靠赏赐和加封晋升来达到目的。要知道，赏赐和加官晋爵是小人所追求的目的，为了达到这个目的，他们是不择手段的，往往会伪装成君子的样子。既然君子之志不在于封赏，那么在君子做出业绩之后，你可以用表扬、激励他的方法，让他感受到你的信任、欣赏，这就足够了。如果过了一段时间，他没有因为你不提拔他而闹情绪，那么说明他具备了真君子的条件，到那时，你尽可以放心大胆地任用他。

小人最擅长的是阿谀奉承，他们这样做的最终目的是为了从执权者身上得到回报，一旦他们取得执权者的信任或任命，就会很快地使自己的羽毛丰满起来，到那时，他们的真实嘴脸就会暴露出来，说不定会对有知遇之恩的人反咬一口。

所以凡是诚心要干事的人，一定要留意自己身边一味顺着自己的意志说好话的人，切不可因为他说的都是自己爱听的话就重用他，提拔他，那样做无异于养虎为患。

君子本是品格、道德、学问极高之人，且足以为民众之表率。但是若表面伪装得一副道貌岸然，清高的模样，暗地里却做着违反常伦、伤天害理、阴险狡诈的事情，那便是个令人寒心的伪君子。

因为小人之为恶，是明显易知的事，我们可以心存防范之意，而不至于被骗或受到伤害。但是伪君子便不同了。他明里是个君子，使我们信任他，而疏于防范。但他背地里所施行之不义恶行，反而会使我们所受到的伤害更大。因此而言，识奸防奸的必要性，不仅仅在于保障我们猎取成功的行为不受干扰，更在于保障我们最基本的身心安全。一旦连这都成了问题，那其他的一切显然也都会无从谈起。

第十四章

看清人才能走对社交之路

做事总要与人打交道，再好的做事方法也不能回避形形色色的人和事，有好人，有坏人，也有不好不坏的人。我们不能抱怨在工作、生活中总会遇到一些不愿遇到的人，给自己带来麻烦的人，因为这些人不以某一个人的意志为转移而事实地存在。解决问题要想“手”到擒来，我们惟一能做的就是找到对付这各色人等的最佳方法。

1. 对付可能遇到的四种人

社会上的人大致可以分为四种：内方外方，内方外圆，内圆外圆，内圆外方。和这四种人交往，应根据其秉性灵活应对。

第一种是内方外方的人。

典型代表：宋朝包拯，明朝海瑞。

内方外方的人喜欢直来直去，行事坦率，不会拐弯抹角，迎合他人。但他们很讲原则，刚正不阿；办事认真，敢做敢当。

同内方外方的人打交道，首先要以诚相待。他们也乐于和直爽的人交往，不喜欢那些口是心非、阳奉阴违、表里不一的人。其次，与他们相处也要讲究委婉。内方外方的人喜欢直来直去，往往不加变通，常常会使人难以接受。但一想到他们决无恶意，就大可放心。与他们交往也要灵活应对，免得硬碰硬、方对方，伤了和气。

第二种是内方外圆的人。

典型代表：洞明世事的诸葛亮、谦虚自律的曾国藩、汉初名将张良。

当直来直去会伤害别人自尊心时，当方方正正不能达到满意效果时，有些人会采用变通的策略。明明是正确的，应该义无反顾地坚持，但因为坚持的阻力太大，就采取了灵活变通的手法。他们将高度的原则性和高度的灵活性完美地结合在一起，是一种高超的态度。这些人，就是内方外圆的人。他们洁身自好，处世练达。既有原则性，又有灵活性。在复杂的人际、利益关系中，往往游刃有余。

同这种人物交往，首先要谦恭有礼、不卑不亢。内方外圆的人虽然表面随和，但内心却是厌恶粗鲁、仇视邪恶，无礼无理的人是不能和这类人结为至交的。如果想缩短同这类人的心理距离，就必须表现出你的积极、健康、向上的交往心态。耻于见人、低三下四的言行举止，尽量在这些人面前少出现，如此，才能得到这类人物的认同。其次要进退有度。内方外圆的人，即使对他人相当反感，也不会把不满情绪表现在脸上。他表面上对你很友好，但他的内心究竟如何却使你捉摸不透。因此，同他们交往，要讲究分寸，把握适度，不要因为他的脸上挂着微笑，就得寸进尺，忘乎所以。

第三种是内圆外圆的人。

典型代表：秦桧之类、三国曹操、清朝和珅。

生活中，有些人长于研究“人事”，偏重于个人私利。内圆外圆的人与内方外圆的人不同点是，他们一般不会同情弱者，救济穷人，甚至为了私利，还会算计人，歪曲人。这种人的代表，当属一些市井无赖，街头小人。由于他们缺少顶天立地的气概，而一旦得志，就会为害巨大，不得不防。

同这种人交往，首先要心存戒备。由于他们内心深处，并无什么必须遵守的做人规则，所以，可能干出表面华丽亮堂、实则损人利己的勾当。对他们的不当做法，应该明确指正，不要因为太爱面子，便不好意思将实情说出口，使自己受委屈；其次要保持距离，有所提防，不要过于相信他们。内圆外圆的人非常清楚自己的缺点，所以也害怕别人不讲义气，不守诺言，因此，和这样的人打交道，要清楚地示意他们：如果你讲信用，那么我就守诺言。在这种做法引导下，能够使他们在正确交际轨道上行驶。

第四种是内圆外方的人。

典型代表：罩着金色光环的贪官、奸臣、伪君子。

内圆外方的人内心黑暗，表面大度。满口仁义道德，实际上一肚子男盗女娼。因为搞言行两张皮，玩弄两面术，所以极具欺惑性。

对于内圆外方的人，不能被他们的表面所迷惑，要注意弄清他们的真实面目，做到心中有数。由于他们嘴上一套，心里一套，所以和他们打交道，既不能不听他们说的，又不能完全相信他们说的。如何交往，运用什么策略，采用什么方式，说出什么内容，要根据当时情况研究变通，切不可被他们的“精彩论述”迷住了双眼，进入了死胡同。与这类人交往，首要的任务是根据各个方面的信息，分析出他的真实内心，然后再对症下药，巧妙引导。如此的话，就能够把他们带到正确的交往轨道上来。

面对不同的人的脾气秉性、作风习惯，必须以不同的做事方法去应对。成事，首先需要的是看清人的智慧。

2. 降服“头痛人物”

现实生活中有些人会令你头痛，可这种头痛人物又无处不在，怎样应对这些人，首先要学会区分对付九种“头痛人物”。

（1）一点即燃的“导火索”

生活中这种人是随处可见的，他们性子急、脾气暴，常常会突然为一件不相干的小事情完全失控，大发雷霆。尽管事后他可能后悔莫及，希望时间能止痛治疗，但是疼痛的裂痕已深，而下一次，他仍然会再失控，以发脾气来赢得注意。

碰到这种状况，尽管你忿忿不平，千万不要以暴制暴，或默默怀恨在心。你要做的是控制局势，提高音量，或叫他的名字引起他的注意；以真诚的关心和倾听，打动他的心，当对方开始试图克制脾气时，你也要降低音量，减缓紧张气氛；找到触发风暴的原因，预防再度爆发，平时多聆听，是治本之道。

（2）“万事通”先生

“万事通”先生通常知识丰富，能力超群，勇于发表自己的看法，希望凡事都能按照他心目中的方式完成，不愿忍受怀疑歧视。

面对“万事通”先生，千万要按捺下你的不满和想辩论的冲动。沟通的目标应该是想办法让“万事通”先生能放弃自己的想法，接受新的观点。所以要准备充分，让他无法挑出你的毛病；怀着敬意重述他说的话，让他觉得你充分了解他的“英明”，这样他也能接受你的想法；了解他的顾虑或期望，并且据此提出你的想法，解除他的“武装”之后，再委婉地提出意见和看法；多用“或许”之类的字眼，以“我们”代替“我”的字眼，多用问句。

不要与“万事通”为敌，而要与他们搞好关系，你会发现，他们的知识和经验可能对自己很有帮助。

（3）优柔寡断的“或许先生”

在面临做决定的关键时刻，这种人总是迟疑不决，嘴巴老是嚷嚷“或许”、“很难说”。有决断力的人知道每个决定都有利有弊，“或许先生”却只看到每个方案的缺点和风险。所以一直拖延，直到错失时机。

对于这种优柔寡断的人，如果是你的上级，最好委婉地建议他早下决定，不要贻误时机；如果是你的同事，最好帮他放松，找到解决途径；如果是你的下属，就要让他明确自己的任务，以免误事。

（4）自以为是的“半瓶醋”

有这样一种人，生怕别人不知道他的本事，讨论事情的时候，他更是不停地发表他自以为是的“高见”。

面对这种人，要有同情心或耐心：首先，肯定他们的用心；假如你觉得他实在是不知所云，可以问几个问题，请他们阐述论点；以你的观点，实事求是地把事实讲清楚；放他们一马，不要让他们出丑栽面子，为他们找个台阶；委婉地说明夸大其辞的不良后果，同时也肯定他们做对了的事情。

（5）秀口难开的“闷葫芦”

你碰到过这种闷不做声的人吗？任凭你打破砂锅问到底，他们总是缄默不语。

无论“闷葫芦”怎么三缄其口，你的目标就是说服他开口，做法是：眼睛注视着他，用期待和关注的眼神，问他开放式的问题，千万不要让他轻易就以“是”或“不是”的答案把你打发掉，多问“你在想什么”、“我想听一下你的意见”、“下一步该怎么办”之类的问题；轻松一下，来一点无伤大雅的幽默，笑声常常能打破僵局；如果他到这时候还是坚持沉默，那么就设身处地地想想到底发生了什么事，以及可能的后果，把你的想法说出来，观察对方的反应。

（6）暗箭伤人的“狙击手”

生活中常常有这样一些人，当你在前台发表你的见解或介绍新的点子时，不料，台下倏地放出一枝冷箭：“我好像在一本书上看过这个点子！”后果可想而知了，大家会用很诧异的眼光看着你，当然，对你说的话也就半信半疑了。

通常我们把这种以突然的评论或尖刻的嘲讽为手段，旨在出你的洋相的人称之为“狙击手”。因此，碰到这种人，我们首要的原则是内心尽量保持平静，先稳住阵脚，不要手忙脚乱、语无伦次，那样恰恰是上了别人的当了。你可以冷静地就此打住，找出“狙击手”，重述他刚刚说的话，直接发问：“你是在哪本书上看到这个观点的？也许你有更好的想法？”建议对方：“如果你这么想急于表现自己，我想还是走上台来，不必躲在台下畏首畏尾。”

（7）悲观泄气者

这种人成事不足，败事有余。往往会影响士气，拖大家的后腿。

面对悲观泄气的人时，你的目标是把焦点从挑毛病转为解决问题，从拒绝现状转为改善现状，把他们当资源，譬如他们的危机意识可以发挥绝佳的作用。将他们的观点变害为利也是一门艺术。

你也可以在还没来得及批评之前，就提出悲观意见，或许比他说的还灰暗。例如：“你说得没错，简直毫无希望，即使是你，大概都解决不了这个问题，现在的当务之急是如何解决，这需要大家共同的努力。”

（8）满口应承的“好好先生”

这种人往往口至而实不至，口头答应的很好，就是光说不练，是个嘴把式。

像这种“好好先生”不喜欢冲突，他们希望与每个人都能和睦相处，但又缺乏某些方面的能力，最终弄得两头不讨好。这种人也有优点，那就是遇到危机的时候，他们的好话可能会打个圆场。面对这种人，你必须以耐心和爱心协助他只承诺能做到的事情，说不定他因此成为你的最佳搭档。

和他坦诚地讨论哪些是可以做得到的承诺，鼓励他老实说出自己的感觉；帮助他学会如何规划，认清完成一件工作必经的步骤和程序；让他清楚食言的后果等，事后给他适当的反馈，强化彼此的关系。

（9）牢骚大王

和牢骚满腹的人在一起，很让人厌烦，他们只知道埋怨出现的问题，却不知如何改善，总是这也不好，那也不好，没有一句好话。

因此，和牢骚大王相处要注意：对于这种人，要多听少说，即使表态，也要含糊其辞，免得煽风点火或打击他们的面子。吸取他们的牢骚中有用的成分，主导谈话，要让他们把问题说清楚，不要浪费大家的时间，把谈话焦点导向解决问题的方向，问他们："你到底能不能做得更好一些?"多考虑一下现实需要，如果他们还是不停地发牢骚，那么就直截了当地停止谈话，这种废话，不听也罢。

我们身边永远也不会缺乏令人头痛的人物，只是在某种场合和阶段遇到此一类型的多一些，而在另一场合或阶段遇到彼一类型的多一些。所以对于"头痛人物"不能采取躲的态度，只要认清他们、熟识了他们的特点，"头痛人物"也并不难降服。

3. 凡事预留退路

在人际交往中，我们常常可以发现，有的人能够在交际圈内进退自如，而有的人却常常被动，进退维谷。其原因可能是多方面的。

《红楼梦》中的平儿，虽是凤姐儿的心腹和左右手，但在待人处事方面，始终注意为自己留余地、留退路，决没有犯凤姐儿所说的"心里头只有我，一概没有别人"的错误，更不像凤姐那样把事做绝。平儿对下人决不依权仗势，趁火打劫，而是经常私下进行安抚，加以保护。一方面缓和化解众人与凤姐的矛盾，另一方面顺势做了好人，为自己留下余地和退路。凤姐死后，大观园一片败落，平儿却多次获得众人帮助渡过难关，终得回报。

历史的经验和文学名著中人物的结局都告诉人们一个道理：在待人处世中，万不可把事做绝，要时时处处为自己留下可以回旋的余地，就像行车走马一样，你一下走到山穷水尽的地方，调头就不容易了，你若留有一些余地，调头就容易多了。常言道："过头饭不可吃，过头话不可讲”，很有道理。另外，在大多数情况下要特别注意，才不可露尽，力不可使尽，在办任何事的时候，都要多用点“太极推手”的功夫，永远保留一些应变的能力。具体如何留余地，这里提出两大技巧：

在待人方面承诺别人时，注意使用“模糊语言”，以便自己赢得主动；在回绝别人时，不妨先拖延一下，最好不当面拒绝，答应考虑一下，给自己留点回旋的余地，以便使自己“进退有据”；在批评别人时，特别是有多人在场时，最好“点到为止”，以维护对方的自尊；在与人争论或争吵时，切忌使用“过头话”、把话说绝，给对方留个面子。

在处事方面，对一些不太好把握的事，千万不要急于表态，东拉西扯，多说点无关痛痒的话；对于不便回答的问题，那就先放一放，免得考虑不周说错了自己受牵连；对那些表面看来无关大局的事，也要含蓄地处理，巧妙地避开疑难之处，免得惹麻烦。另外，对于某些难以回答而又不好回避的问题，不妨含糊其辞，来一番模棱两可的回答，如“可能是这样”，“我也不太了解”等等，以给自己留有余地。

做事情不能总想着一往无前，好的时候要想到坏的可能，进的时候要想到退时的出路，这样的人生才不至走进死胡同。

4. 灵活应对各种合作者

如何与人合作关系到能否得到自己想要的合作结果。不是所有的合作者都是好搭档，关键是要学会应对不同类型合作者的种种策略。

第一，口蜜腹剑的合作者。

如果这种人是你的同级同事，合作关系又不太深、不太广的话，最简单的应付方式是故作陌生。每天上班见面，如果他要与你接近，你就以工作忙等理由马上闪开，不给他任何接近的机会，能不和他合作的话，尽量敬而远之，万一真的无法避开这种合作关系的话，你就一定要小心谨慎，谈话只围绕着工作展开，不说不做任何与工作无关的事情。

如果他比你高一级，比如是你所在部门的负责人，你要假装糊涂，他让你做任何事情，你都唯唯诺诺满口答应下来。他客气，你要比他更客气。他笑着和你商量事情，你便笑着猛点头，万一你感觉到他要你做的事情太绝，你也不要当面拒绝和当场翻脸，虚与委蛇是上策。

第二，吹牛拍马的合作者。

如果他是你的上一级的同事，他吹牛拍马对你没有什么危险，纵然你心里瞧不起他，也不宜表露，可适当地与他搞好关系。如果他与你同级，你就要多加小心，谨防得罪他，平时见面笑脸相迎，和和气气，你好我好大家好。如果你有意孤立他，或者找他的麻烦，他就很有可能不择手段地置你于死地。

倘若他是你的部下，你一定要冷静地对待他的故意逢迎，搞清他的真正意图。

第三，尖酸刻薄的合作者。

尖酸刻薄型的人，是在单位里不受欢迎的一种人。他们的特征是和别人竞争时往往揭人短处，同时冷嘲热讽无所不至，让合作者的自尊心受损，颜面扫地。

这种人平常还以贬损同事、挖苦领导为乐。你不幸被领导批评了一顿，他会幸灾乐祸地说："这是老天有眼，罪有应得。"你和其他合作者发生矛盾，他会说："狗咬狗一嘴毛，两个都不是好东西。"你去批评部下，他知道了也会说："有人是恶霸，有人是天生的贱骨头。"

尖酸刻薄的人得理不让人，无事生非，由于他的这种行事作风，在单位是不会有任何知心朋友的。他之所以能够暂时生存下来，是因为别人不愿搭理他。若某天遭到众怒，定遭报应。

如果这类人是高你一级的合作者，你最好走为上策，但在事情还没有眉目之前，千万别让他知道，否则，他会予以打击。如果你们两个是同级合作者的话，最好的办法是和他保持距离，不要惹火上身，万一吃了亏，听到一两句刺激的话或闲言碎语，就装聋作哑，像没听见，切不可轻易动怒，否则会搞得很惨。

若他是你的部下，你得稍微多花点时间和他聊聊天，讲些人生积极的一面，告诉他做人厚道、仁义自有其好处。或许你付出的爱心和教诲，有时会有意想不到的收获。

第四，雄才大略的合作者。

这类同事胸怀大志，眼界广阔，不会斤斤计较。他们在工作时，时刻不忘充实自己并广结善缘。除了完成自己的工作外，他们还不会忘记帮助与他合作的人。每到一个地方，无论他是否待多久，或成为集体中的正式领导，他都会发挥重大的影响。

雄才大略的人，见识往往异于常人，思维方式颇具特色，他在时机不成熟时可以长期忍耐，无论是卧薪尝胆或是忍辱负重，他都能欣然接受。

但是，时机一旦成熟，他会一鸣惊人，没有人能与之争锋。当然，不是每一个有雄才大略的人都能成就大事。但是，做人处事不卑不亢，不急不躁是他的本色。

如果他是你的主管，你应该庆幸自己跟对了人。要虚心地向他学习，搞好关系，否则到最后别人都受益匪浅而你却两手空空。若是同级，利益一致的话，大可共创一番轰轰烈烈的事业，若其有自己的打算，也不勉强。大可各自发展，各得其所。

若以上都行不通的话，你可以尽力帮助他，自己将来多少也留下识才的美名。

若他是你的部下，你应有自知之明，要知道日后他一定会超过你。你应该虚心地接纳他，给他实质性的帮助及肯定。这也是一种投资，到时候是一定有利的。

第五，愤世嫉俗的合作者。

愤世嫉俗的人对社会上的不良风气非常看不惯，认为社会变了，人心不古世风日下，快活不下去了，并把自己的这种情绪带到工作当中来。

和这类同事合作，有其好的一面，因为如果他们对单位的某些制度、福利有意见时，往往会冲到最前面为大家谋些利益，而不惜牺牲自己。

但千万要注意，倘若你的某些行为或所具备的气质引起他的忌恨，那么，他会处处跟你过不去。这种人最大的特点就是爱走极端，所以，对付愤世嫉俗的合作者最好敬而远之，睁只眼闭只眼算了。

第六，敬业乐群的合作者。

这种类型的同事由于工作态度和处理方法得当，颇受单位的肯定和合作者的赞赏。凡是他所在单位或群体，都会有着不错的成绩，这种合作者，会感染其工作同仁，使组织或部门朝着正确的方向发展，给其他同事带来一个合作而和谐的工作环境。

当单位顺利时，大家共同努力，有福同享；当单位不顺时，大家都紧咬牙关，奋发图强，有难同当，平时没事的时候，他会主动地训练新手，培养团体实力；工作忙的时候，他又能影响合作者，相互提携。

所以，这种类型的合作者，无论高你一级还是和你平级或是你的下属，在与他们相处时，你要学着和他们一样敬业乐群。如果你的表现不如他的话，你就会被比下去。从而在与合作者竞争时处于被动地位。

第七，踌躇满志的合作者。

踌躇满志的人，事事都有主见。他之所以踌躇满志，是因为一直处在一种极顺的状态之下，使他不曾吃过失败的苦头，因此，也不怕失败，这种合作者不会随便接受别人的意见。如果你聪明的话，在没有利害冲突的情况下，不要与他计较。

如果他是你的主管，那么，你在他面前不要乱出点子，尽管照着他的意思去做，他会把他的意思明白地告诉你。因为他怕你笨，所以他会多下功夫。最后，再问你一次，懂了吗？等你回答懂了，他才放心。

有时，他也会很有礼貌地问你一下，对他的看法有没有意见？此时你要做的就是立即肯定。你若稍有犹豫或再多问上两句，都会被他小瞧几分。

和同级的此类同事相处，不能太顺着他，只有让他受到点教训，才能真正地改变及帮助他。

对这种类型的部下，要交给他一些极富挑战性的工作做。成功了，也不说什么，失败了，让别人去做，要让他明白人外有人，天外有天。

第八，佯装无能的合作者。

佯装无能的人可能看起来很笨，连一些很简单的事都干不了，看得你都想过去帮他一把。

实际上，这恰恰中了他的计，他这一切只不过是“作戏而已”，目的在于偷奸耍滑，只要能不干就不干，以虚心请别人帮忙的态度把自己分内的事推给别人去做，即使出了事，也是别人的责任。

对待这类合作者的请求你应该委婉地拒绝，因为这种帮助是毫无止境的，有了一次就会有二次，三次……没完没了，到头来只能影响到自己的事情。所以，你应该对他说：“对不起，我也很忙。”当然语气要自然而坦诚，他碰了一次“软钉子”后自然会知趣地走开。

合作的目的是为了成事，所以在合作的过程中要尽量了解对方的弱点和缺点，但不要死盯着这些弱点和缺点不放，而是有的放矢地从中找到避免矛盾激化、使合作更加顺畅的最佳切入点。

5. 后发制人是必不可少的一种应变策略

运用后发制人的策略，往往是先让对方动手，自己主动退让一下，然后再反击，以制服对方。由于后发制人是在对手已经有了行动，并且从一定意义上对自己构成了威胁之时的应变，因此，它是一种重要的临危应变术。

《荀子·议兵》云："后之发，先之至，此用兵之要术也。"后发制人的策略在军事上的运用很多。221年7月，刘备为报东吴杀害关羽之仇，亲自率领军队攻打孙权。孙权命陆逊率5万军兵迎敌。战争持续了几个月。到第二年2月，刘备重新组织兵力，沿江而下，向东吴发动了大举攻击。东吴军面对强敌，采取后发制人的策略，先让敌人一步，退至夷陵（湖北宜昌境内）一带。吴将陆逊领军与蜀军相持半年之久，待蜀军士卒疲惫、处于极为不利的境地时，陆逊集中优势兵力，进行决战，以火攻大败蜀军。

1812年6月，拿破仑亲自率领60万步兵、骑兵和炮兵组成的合成部队，向俄国发动进攻。俄国用于前线作战的部队仅21万，处于明显劣势。俄军元帅库图佐夫根据敌强己弱的局势，采取后发制人的策略，实行战略退却，避免过早地与敌军决战。在俄军东撤的过程中，库图佐夫指挥部队采取坚壁清野、袭击骚扰等种种方法，打击迟滞法军，削弱法军的进攻气势。9月5日，俄军利用博罗季诺地区的有利地形，给予敌军以大量杀伤。接着，又将莫斯科的军民撤出，让一座空城给法军。10月中旬，法军在莫斯科受到严寒和饥饿的巨大威胁，不得不撤退。此时，库图佐夫抓住战机，予以反击，将法军打得大败。60万法军，幸存者只有3万人。

将计就计就是一种典型的后发制人术。顺着对手的计谋施计，使对手的计谋为我所用，或当对手用其计谋时，却落入我方的圈套，这就是将计就计的应急应变术。

将计就计的基点，是对对手的谋略有了充分的认识和了解，然后，佯顺其意，在对手的计上用计。公元前506年冬，吴军在孙武、伍子胥等指挥下，千里迂回，从楚国防御薄弱的北部边境深入楚地。吴军进至大别山一带时，先派先锋夫概出兵挑战，击溃了迎战的楚军。此时，孙武分析楚军主帅子常有侥幸取胜的心理，判断其必定在夜间前来劫营。于是，将计就计预先做了部署。果然，楚军想乘吴军立足未稳，夜袭吴军大营，这正好中了孙武的圈套。经过一场激战，不仅偷袭吴营的楚军被击溃，而且，楚军大本营也被事先安排的伍子胥、夫概等兵将所劫。

412 年，刘裕想剪除政敌刘毅，但一直没有好的办法。突然，刘毅上表请求调其本家兄弟、兖州刺史刘藩到江陵充当他的副手，刘裕觉得这是一个极好的机会，于是，刘裕将计就计，答应了刘毅的请求。当刘藩到石头城（江苏南京）拜辞时，刘裕将其抓了起来，投进了监狱。随即命手下部将王镇恶率领一支精兵，打着刘藩的旗号，以赴任为幌子，混过了刘毅下属的关卡，偷袭江陵，最后除掉了刘毅。

唐朝初年，窦建德率十余万大军进军洛阳，要救被唐军围困在洛阳的王世充。秦王李世民依靠虎牢之天险阻击窦建德的军兵。两军相持一个多月。李世民得知窦建德想等唐军粮草用尽而把马放到河北吃草时袭击虎牢，于是将计就计，率军北渡黄河，抵达广武（山西境内）南边，留下一千多匹马放牧于河边，以引诱迷惑窦建德。晚上便率军悄悄地赶回虎牢。窦建德果然中计，出动全部兵力进攻虎牢。李世民待窦建德军疲惫后，予以反击，大败窦军。

将计就计不仅在军事上被广泛运用，在政治斗争中，也是一条重要的应变之术。201 年，曹操掌权不久，急需人才，便召司马懿出来做官。司马懿看出汉朝已国运衰微，朝权已落入曹操之手。他是大士族的后裔，而曹操乃宦官之后代，他不愿屈节事曹。于是，他以患风湿病不能起居为由，拒绝应召。曹操马上怀疑司马懿是借口推辞，对己不敬。为此，曹操派人扮作刺客前去查验。一天深夜，刺客悄悄潜入司马懿的卧室，暗中观察，见司马懿果然直挺挺地躺在床上。刺客仍不放心，挥刀向司马懿劈去。刺客暗想，司马懿如果是装病，见到利刀夺命，一定会匆忙招架。可是，司马懿只是睁开眼睛瞅了瞅刺客，身子仍然像僵尸一样一动未动。刺客这才信以为真，收起佩刀，回去向曹操禀报。其实，司马懿在刺客潜入卧室之时就已察觉，并且猜到是曹操派来打探其病况的。他十分清楚，如不露马脚，定会安然无恙；若露出破绽，必然死在刺客刀下。所以，司马懿将计就计，演出了这场惊险剧。年轻的司马懿蒙蔽了身经百战、向来机警的曹操，确非常人所能为之。

明朝韩雍在南蛮驻守时，有一个郡守要打探韩雍营寨的情况。一天，郡守准备了丰盛的酒菜，用一个大盒子装上，还把一个妓女也藏在盒子里，直接进献到韩雍的营帐中。韩雍见到抬进的大盒子，就猜到里面必有隐藏的东西。于是，他召请郡守入军帐，当面打开盒子，并让藏在盒子里的妓女出来献酒。酒毕，仍请妓女进盒子，然后把盒子还给郡守，使妓女随着郡守一起离开了营寨。韩雍将计就计除埋伏，既没有违郡守请他饮酒的好意，又若无其事地处理了郡守安插的探子，真可谓高明之举。

后发制人是一种效率极高的成事策略，但对一般人而言又是一种难以运用到位的高级智慧。第一，它要求你能够沉得住气，有一种做大事的气度；第二，它要求你具有善于应变的机智；第三，它还要求后发之时有对“前势”的充分把握。

总之，后发制人要求的是后发先至，追求的是一切尽在掌握的效果。

第十五章
平静地接受交际过程中的不和谐音

有困难，有帮助；有成就，有祝贺；有施恩，有报恩……这些都是人之常情，是社交过程中的基本准则。如果所有人都以这个准则行事，社交活动就容易多了。但遗憾的是，并非所有人都按牌理出牌，面对这一不和谐音，首先要平静地接受现实、适应现实，才能找到最佳的应对策略。

1. 怎样对待别人不知感恩的行为

生活中你为别人做了好事有时候却难得到真诚的感恩，如果你每付出一点都希望得到别人的感激的话，那你将惹来无尽的烦恼。

吕女士认为自己太倒霉，总是遇上忘恩负义的白眼狼，先说她的先生。先生是搞科研的，为了工作常常是废寝忘食，家务活、照顾老人、孩子的事，半点儿也指望不上，为了支持先生的工作，吕女士一狠心，就把工作辞了，回到家里当起了全职主妇。这个牺牲够伟大的吧，但先生却似乎一点也没有被感动，还反过来指责吕女士越来越俗气了。再说，二号楼那对小夫妻，他们之所以能在一起，那全是吕女士的功劳，红线是她牵的，矛盾是她调解的，两家父母闹意见还是她劝解开的，结果呢，这对小夫妻有了矛盾才来找“吕姨”，没事儿时就把吕女士丢在一边。吕女士一想起这事儿，就气不打一处来，但更可气的还在后头呢。今年春天的时候，丈夫的一个远亲的孩子要跨学区转学，因为知道吕女士有点门路，所以就千求万请的，碍于情面吕女士只好披挂上阵，没想到接收学校的管理太严格，吕女士费尽千辛万苦，求爷爷、告奶奶地折腾了几天事情也没办妥；而那位亲戚一听事儿没办成，脸立刻拉了下来，对吕女士的苦心没有半句感谢。不仅如此，那位亲戚还到处说吕女士虚情假意，不地道。吕女士不但没得到感激，还落了一身不是，她这一气就病了一场，病好后，她逢人就说：“现在的人都是狼心狗肺，以后啊就自己管自己，别人的事儿啊我再也不跟着瞎忙了！”

吕女士的委屈确实可以理解，她热情地付出，热心地帮助别人，但她的努力似乎都白费了，她没有得到任何一个人的感恩。但是从另外一个角度再想一下，我们每个人每天的生活都在仰赖着他人的奉献，那么，在抱怨别人不知感恩的时候，我们向帮助过自己的人表达感激之情了吗？吕女士如果仔细想一下就会知道了，生活中也曾有许多人曾经给过她无私的帮助，只是她忘记了这一点。

世界上最大的悲剧就是一个人大言不惭地说：“没有人给过我任何东西！”说这种话的不论是穷人或富人，他的灵魂一定是贫乏的。人们总是这样，对怨恨十分敏感，对恩义却感觉迟钝，所以下一次当你要怨恨别人的忘恩负义时，先想想自己是否做好了这一点。

老姜是个小肚鸡肠的人，至少邻居们都这么说，他帮人做一点事，就得意得不得了，人前总要提几次，人家要是忘了说谢谢，他就得生几天气。可是如果是人家帮助了他，他就会患上一种健忘症，事情一办成，立刻就把办事的人忘了个一干二净。前两天，田先生就被他给气坏了。老姜的一个亲戚来找老姜，说想要去农村收购出口山菜，但是得找一个进出口公司接收，亲戚问老姜有没有这方面的门路。老姜一想，三楼B门的田先生不就是在进出口公司上班吗？于是他就让亲戚回家等着，自己买了两瓶酒就去找田先生，田先生见是街坊来求自己就尽心尽力地把这事办成了。事一办成老姜立刻就像变了一个人一样，看到田先生就趾高气扬地喊一声“小田！”对山菜合同的事竟提也不提，回头还对街坊吹嘘自己神通广大，田先生被气得几天吃不下饭，一提老姜就一肚子火。

其实生活中像老姜这样的人并不少见，他们有时会有人庇佑，而威风一时。不过由于此类人多半专横、自私，只知从别人身上得到好处，却不知回馈，而不受欢迎，短视近利的后果，往往令帮助他的人感到失望，不再给予支持。这类人多半自以为是，从不考虑自己的责任，老是认为别人在算计他，对他不怀好意，想要陷害他。

消极的心态会使这类人离开对他有利的人，而和同类型的人在一起，然后逐渐深陷其中而无法自拔。

大多数人都是这样：只注意到自己需要什么，却忽略了这些东西是从哪里来的。所以抱怨别人的不知感恩，还不如先培养自己感恩的心。不要总计较别人欠你多少，在你以自己的成功为荣时，应该先想想自己从别人那里接受的有多少。

 2. 怎样对待成功后遭受的无端攻击

身处社会中，偶尔遭到某些人的恶意攻击是不可避免的，但我们不能让这种攻击干扰了我们的心态和生活。

美国曾有一位年轻人，出身寒微，依靠自己的努力，在三十岁时当上了全美有名的芝加哥大学的校长。这时各种攻击落到他的头上。有人对他的父亲说：“看到报纸对你儿子的批评了吗？真令人震惊。”他父亲说：“我看见了，真是尖酸刻薄。但是记住，没有人会踢一只死狗的。”

卡耐基很赞美这句话，他说：不错，而且愈是具有重要性的“狗”，人们踢起来愈感到心满意足。所以，当别人踢你，恶意地诋毁你时，那是因为他们想借此来提高自己的重要性。当你遭到诋毁时，通常意味着你已经获得成功，并且深受人注意。

恶意的批评通常是变相的恭维，因为没有人会踢一只死狗。

美国独立运动的奠基者、美国第一任总统华盛顿，也曾被人骂为“伪善者”、“骗子”、“比杀人凶手稍微好一点的人”。对于这些污蔑，华盛顿毫不在意，事实证明他是美国历史上最具影响力的人物。

明代人屠隆在《婆罗馆清言》中说：一个人要实现自己的理想，要找到真理，纵然历经千难万险，也不要后退。奋斗的过程中，要用坚强的意志来支撑自己，忍受一切可能遇到的屈辱，只要坚持下去，就能取得成功。艰难羞辱不但损害不了你人格的完整，还会使人们真正了解你人格的伟大。重要的是，在遭遇苦难侮辱时，把这一切都抛诸脑后，得一份清爽的心情。

屠隆的话告诫我们，当面临无耻之徒的恶意诋毁时，你的态度应该是置之不理。

有些人对那些无中生有的污蔑表现得异常激愤，甚至反唇相讥，其实那都是没有必要的。如果换一种角度来看，那些遭人诋毁的人反倒应觉得庆幸，因为正是你极具重要性，别人才会去关注、去议论、去污蔑。所以不要理会这些无聊的人，事实自会让流言不攻自破。

有位朋友对小仲马说：“我在外面听到许多不利于你父亲大仲马的传言。”

小仲马摆出一副无所谓的样子回答：“这种事情不必去管它。我的父亲很伟大，就像是一条波涛汹涌的大江。你想想看，如果有人对着江水小便，那根本无伤大雅，不是吗？”

听到别人的流言蜚语，再三客观地分析、判断之后，只要认为自己的做法合理，站得住脚，那么大可以坚持到底，不必妥协。

美国总统罗斯福的夫人艾丽诺曾受到许多攻讦，但她都能够泰然处之。她说："避免别人攻讦的惟一方法就是，你得像一只有价值的精美的瓷器，有风度地静立在架子上。只要你觉得对的事，就去做——反正你做了有人批评，不做也会有人批评。"

林肯曾就那些刻薄的指责写过一段话，后来的英国首相丘吉尔把这段话裱挂在自己的书房里。林肯是这样说的："对于所有的攻击的言论，假如回答的时间大大超过研究的时间，我们恐怕要关门大吉了。我竭尽所能，做我认为最好的，而且我一定会持续直到终了。假如结局证明我是对的，那些反对的言论便不用计较；假如结局证明我是错的，那么，纵有十个天使替我辩护，也是枉然啊！"

其实，做人就应如此，益则收，害则弃。对于正确的批评，我们应该欢迎，哪怕言辞激烈或只有百分之一的正确。但对于纯属恶意的人身攻击、诽谤、诋毁、中伤，我们如果不想被它所害，那就只有不去理会，像鲁迅所说的，最高的轻蔑，是连眼珠子都不转过去。

不必太在意别人的攻击，事实会说话，时间会说话。何况别人攻击你，说明你至少有被人攻击的价值，所以先不要去反击，这样你反而会不战而胜。

3. 怎样对待企图诱惑、改变你的人

一个人总要有自己的原则，自己的立场，不能只一味迁就别人，一点主见也没有。这里的原则既包括办事的方法，也包括日常生活中为人、处事的立场、原则，少了哪个都会给你带来困难，并将影响你的生活。

工作、办事没有自己的方法，只听命于他人，别人怎么说自己就怎么做，如果别人说得对还好，假若别人说得不对，而自己又不动脑筋，

走弯路、浪费时间不说，有时难免要犯错误。举个简单的例子：某个人想挖鱼池养鱼，有人建议坑底要铺上一层砖，这样既干净又会节省水；又有人建议说，不能铺砖，铺了砖鱼就接触不着泥土，对鱼的生长不利；还有人说……于是，这位养鱼者开始犯难了，左也不是，右也不是，不知该听谁的好。其结果是，事情就此搁了下来，最终放弃了计划。当然，这只是个简单的例子，生活中有许多事情要复杂得多，而且有些事情没有犹豫的时间，这就更需要我们要有自己的方法。既然别人的意见也不一定正确，为什么不试试自己的办法呢?

老胡没别的毛病，就是天生的耳根子软，别人说什么他听什么，老婆一生气就骂他是“应声虫”。比如说中午订餐，同事问老胡吃什么，他犹犹豫豫地想了一会儿说:“吃扬州炒饭吧!”同事一听，“扬州炒饭有什么好吃的，就要鱼香肉丝盖饭吧!”老胡赶紧点点头，“行，行，行!”不但生活中这样，工作中也是这样，他从来也提不出什么像样的意见，什么事都听人家的，所以单位里开会时，老胡永远是坐在角落里发呆的那一个。前不久，老婆回娘家了，说是要跟他离婚，起因就是一卷墙壁纸。老婆嫌卧室里的壁纸太旧了，想换上新的，正巧身体不舒服，就让老胡一个人去买。走之前一再嘱咐他按照家具的颜色搭配着买，可老胡却禁不住售货小姐的怂恿，买了一种深蓝色直条纹的壁纸，贴上以后，老婆总觉得自己像睡在监狱里，她觉得老胡这人太没用了，很多同事都利用他的好说话，占便宜，领导把他当软柿子来捏……现在一个售货小姐居然也把他当“冤大头”，日子再也没法过了，老婆愤怒地收拾东西离开了这个家，老胡则坐在沙发上唉声叹气，看来他“耳根子软”的毛病是改不了了!

社会太复杂了，过于迁就别人的人很容易就会吃亏，多少人排队等着算计这种老实人呢！办事没有原则，有时就表现为一味地迁就、顺从别人。由于自己没有立场，所以很容易被他们所诱惑或利用。迁就别人，表面看来是和善之举，但实际上则是软弱的表现。软弱到一定程度，就会逐渐失去自信心，而没有自信心的人是很难成就什么大事业的。有时，性格上的自卑和懦弱，也表现为没有自己的立场和观点。自卑，就会觉得处处不如别人，怯懦则往往会导致卑微。时时看着别人的脸色行事，怎么能走自己的路呢？其实，这样做是大可不必的。

著名漫画家蔡志忠先生讲过这样一句话："每块木头都是座佛，只要有人去掉多余的部分；每个人都是完美的，只要除掉缺点和瑕疵。"正是如此，每个人都有他自己的长处，为什么要去迎合别人的口味呢？

没有原则的人还往往禁不住他人的诱惑，什么事情，最初还能遵循自己的原则，但经别人三言两语一劝，马上防线就崩溃了。举个日常生活中最简单、最普遍的小例子：拿喝酒来讲，几个朋友坐在一起，常常要推杯换盏，边喝边聊。几杯酒下肚之后，本来规定自己只喝三杯，开始时还能坚持，但没多久，在朋友的再三劝说之下，脑袋一热，什么三杯原则，五杯又能怎么样？于是，原则丢在了脑后，放开肚子喝了起来。其结果常常是酩酊大醉，误了其他的事不说，对自己的身体也会损害极大。这是多么不合算的事啊！

所以，做什么事情都要有个度，不能过度，否则就是没有原则。任何事情没有原则，只会带来不良后果，而不会有什么好的结局。

据说，按照古代寓言书记载，谁能解开奇异的高尔丁死结，谁能注定成为亚洲王。所有试图解开这个复杂怪结的人都失败了。后来轮到了亚历山大来试一试，他想尽办法要找到这个死结的线头。结果还是一筹莫展。后来他说："我要建立我自己的解结规则。"于是，他拔出剑来，将结劈为两半，他成了亚洲王。

这当然是传说，但这则故事告诉我们，亚历山大之所以成功地做了亚洲王，就是因为他有自己的方法，创立了自己的规则。他绝不是没有主见，没有办法之人。因此，干什么事情都要动脑筋，不要轻易听从他人的，要有自己的一套规则。这样做，有时会使你收到意想不到的效果。

不要轻易迁就别人，每个人都有自己的立场和方法，做事时应该多坚持自己的意见，不要轻易改变立场，在坚持原则的基础上，我行我素，“你有千条妙计，我有一定之规”，“走自己的路，让人家说去吧！”这样你就可以抵制那些企图诱惑你、改变你的人！

4. 怎样对待别人的诬陷

黑锅是没有人愿意背的，但有时候有些黑锅是别人强加给我们的，我们却也不得不背。比如说为了维护上司的威信或是为了维护比名誉更重要的事情的时候。

上司的“威信”，说到底是由自己树立并维护的。然而，下属有时对上司树立并维护威信起到极其重要的作用。有的上司想不到的，下属就要替上司想到；上司做不到的，也要替上司做到。上司一旦发现你的良苦用心，定会感激涕零。

一天，某市劳动局秘书科的赵科长正在办公室批阅文件。这时，本单位一位以爱上访告状闻名的退休干部李某走了进来，说是要找局长。

赵科长先热情地招呼他坐下，然后敲开了局长办公室的门，请示局长如何处理。局长此时正忙于局里的业务，不想见李某，就非常干脆地对赵科长说：“告诉他我不在。”

赵科长回到自己办公室，对李某说：“局长不在办公室，你先回去，有什么事我可以代你转告。”既然这样，李某也无话可说，悻悻地离开了秘书科。

约过了半个多小时，赵科长起身去档案室，来到走廊，不想竟看到局长与李某在卫生间门口握手寒暄，并听到李某说：“刚才赵科长说你不在办公室！”“哪里，我一直在啊！”局长不假思索地回道。赵科长顿觉浑身一阵冰凉。

原来，李某离开秘书科后并未回家，而是极不甘心地在走廊内来回走动，刚巧碰到局长上卫生间，急忙抢上前去打招呼，这才有了刚才那一幕。

事后，李某逢人就散布赵科长不地道，品质太差，欺上瞒下。赵科长有口难辩。刚开始感到很委屈，后来一想，当领导的这样做也是出于无奈，当秘书的应宽容上司，注意维护领导的形象，否则将给工作造成不良影响。所以，他从不对人解释此事，听到议论，也一笑置之。

下属根据上司的意图，以各种方式回绝来访，也是工作需要。赵科长尊重领导的意图处理此事无可厚非，尤其难能可贵的是，他在遭人误解时，也能从大局出发，坦然处之。

另外一种情况就是，如果背上黑锅只会损害你声誉，但却可以救了对方时，你就吞下这口冤枉气吧！反正事情总会有真相大白的一天，到时候你的雅量，会为你换来别人更多的尊敬！

日本的白隐禅师，是位品德高尚的修行者，受到乡里居民的称颂，都认为他是个可敬的圣者。

有一对夫妇，在白隐禅师的住处附近开了一家食品店，家里有一个漂亮的女儿。不料，有一天，夫妇俩忽然发现女儿的肚子无缘无故地大了起来。

这种见不得人的事，使得她的父母震怒异常！好端端的黄花闺女，竟做出如此不可告人的事。在父母的逼问下，她起初不肯招认那个人是谁，但经过一再苦逼之后，她终于吞吞吐吐地说出“白隐”两字。

她的父母怒不可遏地去找白隐理论，但这位大师不置可否，沉默不语。

孩子生下来后，就被送给白隐。此时，他的名誉虽已扫地，但他并不以为然，只是非常细心地照顾孩子——他向邻居乞求婴儿所需的奶水和其他用品，虽不免横遭白眼或是冷嘲热讽，他总是处之泰然，仿佛他是受托抚养别人的孩子一般。

事隔一年后，这位没有结婚的妈妈，终于不忍心再欺瞒下去了。她老老实实地向父母吐露真情：孩子的生父是在鱼市工作的一名青年。

她的父母立即将她带到白隐那里，向他道歉，请他原谅，并将孩子带回。

白隐仍然是处之泰然，他没有表示，也没有乘机教训他们；他只是在交回孩子的时候，轻声说道："就是这样吗?"仿佛不曾发生过什么事；即使有，也只像微风吹过耳畔，霎时即逝。

白隐这一德行，赢得了人们更多、更久的称颂。

"就是这样吗?"只此一句话，无数的干戈都化成了片片的玉帛。

白隐禅师背上黑锅，却救了那个女孩，有人可能会觉得白隐太傻了，这种吃亏的事儿都肯做。但是仔细想一想，名誉和生命到底哪个更重要一些呢？恐怕还是生命更宝贵吧！

在被人诬陷时保持沉默，实在是一件很困难的事，但权衡一下当时的情况，可能背起黑锅是你惟一的选择。背起黑锅，你会牺牲很多，但你也会因此得到更多！

5. 怎样对待别人的恶意挑衅

生活中有些侮辱可能是别人无意中附加给我们的，而有的时候却是来自别人恶意的挑衅，这时候我们就需要蔑视别人的挑衅，将他们对自己的侮辱转化为激发自己前进的力量。

我们都知道利特尔公司是世界上最著名的咨询公司之一。但它的前身只是其创始人利特尔 1886 年建立的一个小小的化学实验室，创立最初鲜为人知，丝毫也不引人注目。

1921 年的一天，在许多企业家参加的一次集会上，一位大亨高谈阔论，否定科学的作用。而一向崇拜科学的利特尔带着轻蔑的微笑，平静地向这位大亨解释科学对企业生产的重要作用。

这位大亨听后，不屑一顾，还嘲讽了利特尔一番，最后他挑衅地说："我的钱太多了，现有的钱袋已经不够用了，想找猪耳朵做的丝钱袋来装。或许你的科学能帮个忙，如果做成这样的钱袋，大家都会把你当科学家的。"说完，哈哈大笑。聪明的利特尔怎么会听不出大亨的弦外之音呢？他气得嘴唇直抖，但还是克制住自己，表面上非常谦虚地说："谢谢你的指点。"因为利特尔感到这是一个千载难逢的大好机会。其后的一段时间里，市场上的猪耳朵被利特尔公司暗中搜购一空。购回的猪耳朵被利特尔公司的化学家化解成胶质和纤维组织，然后又把这些物质制成可纺纤维，再纺成丝线，并染上各种不同美丽颜色，最后纺织成五光十色的丝钱袋。这种钱袋投放市场后，顿时一抢而空。

"用猪耳朵制丝钱袋"，这一看来荒诞不经的恶意挑衅被粉碎了。那些不相信科学的企业家及看不起利特尔的人，不得不对利特尔刮目相看。

利特尔公司因此名声大振。面对挑衅，利特尔忍受轻蔑，"虚心"接受指点；不大吵大闹、争执强辩，也不义正词严地加以驳斥，他不露声色，暗中准备，将猪耳朵制成丝钱袋，从而一举成名。

面对侮辱，与其出言反驳，还不如用实际行动反击。

英国诗人拜伦在上阿伯丁小学时，因跛足很少运动，身体虚弱，走路都困难。

一天，几个健壮的同学在操场上踢足球，拜伦在旁边出神地观看。他有惊人的想象天赋，边看边在自己的脑海里想：自己该怎样拦截、抢球、射门，脸上不时呈现出紧张、惋惜、欣喜的神色。就在他自我陶醉的时候，一个健壮而顽皮的同学郎司拉他去踢足球。拜伦不肯，郎司眼珠一转，想出了个坏主意。他恶作剧式地找来一只篮子，强迫拜伦把一只脚放进去，"穿"着这只篮子绕场一圈。当时拜伦真想扑上去打郎司一拳。但他怎么打得过高大健壮的郎司呢？无奈只好忍气吞声地把竹篮穿在脚上，一瘸一拐地绕操场走起来。同学们看了笑得前仰后合，郎司更是开心得双脚在地上跳。

但这次当众受辱的经历彻底改变了拜伦日后的命运。他意识到一切不公都来自于自己的体弱。后来，这个意志坚强的人刻苦参加各项运动。一年半以后，他的体质明显增强了，手臂上的肌肉也凸了起来。在球场上，他能像三级跳远的运动员那样连续不断地飞跑。不久，他参加了学校运动会，恰巧他在拳击比赛中与郎司相遇，激战相持了很久，最后，拜伦一个勾手拳，击中郎司下巴，把他打倒在台上。观众为拜伦的意志、力量和永不服输的精神深深感染，他们欢呼着将拜伦抛向空中。

当拜伦遭到同学的恶意挑衅时，他没有冲动地扑上去，这是因为他知道自己还太弱，他当然可以斥责那位同学，可以和他吵骂，但这样做都不可能换回自己失去的尊严，而且很可能还会惹来更多的侮辱。而拜伦就给我们做出了一个榜样，身为弱者，要能忍别人难以忍受的东西，能屈能伸，不断地积蓄力量，增强忍耐力和判断力，这样才能取得最后的胜利。

生活中，我们会遇到别人的挑衅，很多人按捺不住脾气，就硬对硬，不管三七二十一，死了也悲壮。这固然表明一个人的勇气和自信，但事情往往会因此变得更糟糕，毫无价值的牺牲最终受害的是自己。所以遇到别人的挑衅，惟一的办法就是尽量忽视它，韬光养晦，在自己有能力的时候，再出手一击，用你的实力来证明你的骨气。

6. 怎样对待别人的“卸磨杀驴”之举

不要以为你帮人打出了天下，你就是功臣，理所当然地与人共享富贵。正所谓“狡兔死，走狗烹”，每个老板都可以跟你共患难，但很少有能跟你共富贵的。

高先生今年 40 岁，刚离开他待了 15 年的公司。

15 年前，他到一家小电器行工作。高先生忠诚能干，甚得老板的器重，高先生颇有“士为知己者死”的豪气，每天卖命地做，老板也未亏待他，二人情同手足，业务也因此而一日千里。

后来公司扩大，进口外国家电，高先生花了半年时间建立了全省的经销网，可说备尝艰苦。老板对他的表现相当满意，待遇、红利也一年比一年给得多。

公司开始稳定成长后，高先生以为他混得差不多了，开始把担子放了下来，有空时常出国散心。在老板的指示下他把很多重要的工作交了出去，成为一个“德高望重”的“长老”。高先生也对他能在立下战功之后享“清福”大为满意，谁知半年后，老板拿了一张支票放在他的桌上，要他离开这家公司……

高先生万分不情愿，可是也不得不离开。

在这个故事中，高先生就成了被“杀”的功臣。高先生的遭遇很让人同情，但他也有自己需要检讨的地方。比如他天真地认为自己有大功于公司，就该得到最好的待遇，他相信自己对老板忠诚，老板就该对他有情有义。要知道不是每个人都会这样按牌理出牌，否则哪来那么多“杀功臣”的事。

为什么与人共富贵那么难呢？为什么“功臣”有常常被“杀”的下场呢？

就“老板”这边来说，有的纯粹是基于私利，不愿“功臣”来分享他的利益，抢他的光芒，所以“杀功臣”；有的老板为了保持“天下是我打的”的绝对成就感，所以“杀功臣”；更有的认为“利用”完了，再也不需要这批当年共打天下的“战友”，所以“杀功臣”。

就“功臣”这边来说，有的“功臣”自以为帮老板打下天下，如今“天下太平”，自己正可以握重权，领高薪，甚至“威胁”老板顺从自己的意志；有些“功臣”因为的确“功绩不凡”，颇受属下爱戴，因而结党营派，向老板“勒索”利益；有的“功臣”则不断对外炫耀自己的功绩，忘了“老板的存在”……

总之，功臣让老板产生威胁感、剥夺感，老板自尊被损，又不愿功臣成为负担，从私心考虑，于是不得不假借各种名目把“功臣”“杀”了。说句老实话，有时候“功臣”还不得不“杀”，因为有些功臣在立下“战功”后，会认为自己的功劳天大地大，其嚣张跋扈反而成为大局的危险因素，“杀”了他，反而可使大局清明稳定，所以“杀功臣”这件事并不见得都应受到责备。

不过，再怎么说，“杀功臣”之事总是令人伤感的，而一个人若有能力，也不必避讳当“功臣”，倒是“天下”打下来之时，自己的态度要有所调整：

①急流勇退，另谋出路。功臣不可能都会被“杀”，但被“杀”的可能性永远存在，因此与其待得越久，危险性越高，不如在老板“还珍惜”你时，以最光荣、风光的方式离开，为自己寻找另一片天空。也许你走不掉，至少这个“退的动作”也是表态，老板会欣赏你这个动作的。

②隐姓埋名，不提当年勇。也就是说，如今只有老板的名字，你的名字“消失”了，一切“荣耀”归于“老板”，你从此“没有声音”，也不可提当年勇，你一提，不就在和老板争锋头吗？他是不会高兴你这么说的。

③淡泊明志，终生为“臣”。利用各种时机表现自己的“胸无大志”，无自立为“王”的野心，永远是老板的人。你若野心勃勃，老板怕控制不了你，又怕商机被夺，迟早会对你下“毒手”。

④与时俱进，自显价值。很多“功臣”认为“理所应得”很多利益而不做事。然后成为退化的一群，因而被“杀”。因此要保全，必须随时显露自己的价值，让老板觉得少不得你，否则一旦成为“废物”，就会被当成“垃圾”丢掉，谁在乎你曾是“功臣”呢？

当你的功劳大到无以复加的时候，当“老板”不得不肯定你的功绩的时候，你就该小心了，千万别犯高先生那样的错误，要记住不是每个人都能跟你共富贵的。

第十六章
好心态是社交智慧之源

我们称在社交场上左右逢源的社交高手为聪明人，因为他们的社交智慧总能让自己成为社交场上最后的赢家，让我们钦佩不已。如果要从深入探究这些社交高手到底高在何处，会发现其共同的特点是拥有良好的个人修养，拥有笑对人情冷暖的良好心态，这就是他们的社交智慧之源。

1. 宽容是解决问题的良方

宽容是一种胸怀，更是一种解决问题的良方。生活中我们常会遇到各种各样的挑战，甚至是恶意的攻击，是针锋相对还是宽大为怀?

我们看看戴尔·卡耐基是怎么做的。

有一次戴尔·卡耐基在电台发表演说，讨论《小妇人》的作者露易莎·梅·艾尔科特。当然，卡耐基知道她住在麻州的康科特，并在那儿写下她那本不朽的著作。但是，戴尔·卡耐基竟说出他曾到新罕布夏州的康科特，去凭吊她的故居。如果卡耐基只提到新罕布夏一次，可能还会得到谅解。但是，卡耐基竟然说了两次。无数的信件、电报、短函涌进他的办公室，像一群大黄蜂，在戴尔·卡耐基完全没有设防的头部绕着打转。多数是愤慨不平，有一些则侮辱他。一位名叫卡洛妮亚·达姆的女士，她从小在麻州的康科特长大，当时住在费城，她把冷酷的怒气全部发泄在卡耐基身上。如果有人指称艾尔科特小姐是来自新几内亚的食人族，她大概也不会更生气了，因为她的怒气实在已达到极点。

卡耐基一面读她的信，一面对自己说："感谢上帝，我并没有娶这个女人。"卡耐基真想写信告诉她，虽然自己在地理上犯了一个错误，但她在普通礼节上犯了更大的错误。于是卡耐基准备卷起袖子，把自己真正的想法告诉她。但最终他没有那样做。他控制住了自己。他明白，任何一位急躁的傻子，都会那么做——而大部分的傻子只会那么做。

他要比傻瓜更高一筹。因此卡耐基决定试着把她的敌意改变成善意。这将是一项挑战，一种他可以玩玩的游戏。卡耐基对自己说："毕竟，如果我是她，我的感受也可能跟她的一样。"于是，卡耐基决定同意她的观点。当他第二次到费城的时候，就打电话给她。他们谈话的内容大致如下：

卡：夫人，几个礼拜以前您写了一封信给我，我向您致谢。

达：（有深度、有教养、有礼貌的口吻）是哪一位，我有此荣幸和您说话？

卡：您认识我。我名叫戴尔·卡耐基，在几个星期以前，您听过我一篇有关露易莎·梅·艾尔科特的广播演说。我犯了一个不可原谅的错误，竟说她住在新罕布夏州的康科特。这是一个很笨的错误，我想为此道歉。您真好，肯花那么多时间写信指正我。

达：卡耐基先生，我写了那封信，很抱歉，我只是一时发了脾气。我必须向您道歉。

卡：不！不！该道歉的不是您，而是我。任何一个小学生都不会犯我那种错误。在那次以后的第二个星期日，我在广播中抱歉过了，现在我想亲自向您道歉。

达：我是在麻州的康科特出生的。两个世纪以来，我家族里的人都会参与麻州的重要大事，我很为我的家乡感到骄傲。因此，当我听你说艾尔科特小姐是出生在新罕布夏时，我真是太伤心了。不过，我很惭愧我写了那封信。

卡：我敢保证，您伤心的程度，一定不及我的十分之一。我的错误并没伤害到麻萨诸塞州，却使我大为伤心。像您这种地位及文化背景的人士很难得写信给电台的人，如果您在我的广播中再度发现错误，希望您再写信来指正。

达：您知道嘛，我真的很高兴您接受了我的批评。您一定是个大好人。我乐于和您交个朋友。

由于卡耐基向她道歉并同意她的观点，使得达姆夫人也向他道歉，并同意他的观点，卡耐基很满意，因为他以宽厚的态度，来回报一项侮辱。重要的是，事情有了一个完美的结局。

在你想要发怒时，你应该告诉自己，“他们就是我们，他们的错误我们也会犯”。如果你能宽容别人的过失，你会比发怒更快乐。

2. 和善比愤怒与暴力更有力量

在人群中，我们难免会与他人发生摩擦，这时，我们就应该多容人之过。自己有理，心里知道就好了，千万不要得理就不依不饶的！

古代有一个叫沈道虔的人，家有菜园，种有萝卜。这天，沈道虔从外面回家，发现有一个人正在偷他家的萝卜，他赶紧避开，等那人偷够了离开后他才出来。又有一次，有人拔他屋后的竹笋，沈道虔便让人去对拔竹笋的人说：“这笋留着，可以长成竹林。你不用拔它，我会送你更好的。”他让人买了大笋去送给那人，那人羞惭地没有接受，沈道虔就让人把大笋直接送到了那人家里。沈道虔家贫，常带着家中小孩去田里拾麦穗。偶尔遇上其他拾麦穗的人相互争抢麦穗，他就把自己拾到的全部给争抢的人，争抢的人非常惭愧。

沈道虔“纵容”小偷偷他家萝卜，表面看来，无是无非，甚至显得窝囊懦弱，但实际上，却显出了他宽大厚道的为人，而这种有修养的行为，也为他赢得了尊重和补偿。

在生活中我们得理也饶人，工作上同样要宽容别人的过错。

俗话说：“一滴蜜比一加仑胆汁，能招来更多的苍蝇。”确实，温柔与和善比愤怒与暴力更强而有力。

一位社交界的名人——戴尔夫人，来自长岛的花园城。戴尔夫人说：“最近，我请了少数几个朋友吃午饭，这种场合对我来说很重要。当然，我希望宾主尽欢。我的总招待艾米，一向是我的得力助手，但这一次却让我失望。午宴很失败，到处看不到艾米，他只派个侍者来招待我们。这位侍者对第一流的服务一点概念也没有。每次上菜，他都是最后才端给我的主客。有一次，他竟在很大的盘子里上了一道极小的芹菜，肉没有炖烂，马铃薯油腻腻的，糟透了。我简直气死了，我尽力从头到尾强颜欢笑，但不断对自己说：‘等我见到艾米再说吧，我一定要好好给他一点颜色看看。’”

“这顿午餐是在星期三。第二天晚上，听了为人处世的一课，我才发觉：即使我教训了艾米一顿也无济于事。他会变得不高兴，跟我作对，反而会使我失去他的帮助。我试着从他的立场来看这件事：菜不是他买的，也不是他烧的，他的一些手下太笨，他也没有法子。同时也许我的要求太严厉了，火气太大了。所以我不但准备不苛责他，反而决定以一种友善的方式作开场白，以夸奖来开导他。这个方法很有效。第三天，我见到了艾米，他带着防卫的神色，严阵以待准备争吵。我说：‘听我说，艾米，我要你知道，当我宴客的时候，你若能在场，那对我有多重要！你是纽约最好的招待。当然，我很谅解：菜不是你买的，也不是你烧的。星期三发生的事你也没有办法控制。’我说完这些，艾米的神情开始松弛了。”

“艾米微笑地说：‘的确，夫人，问题出在厨房，不是我的错。’”

“我继续说道：‘艾米，我又安排了其他的宴会，我需要你的建议。你是否认为我们再给厨房一次机会呢?’”

“呵，当然，夫人，当然，上次的情形不会再发生了!”

“下一个星期，我再度邀人午宴。艾米和我一起计划菜单，他主动提出把服务费减收一半。当我和宾客到达的时候，餐桌上被两打美国玫瑰装扮得多彩多姿，艾米亲自在场照应。即使我款待皇后，服务也不能比那次更周到。食物精美，服务完美无缺，饭菜由四位侍者端上来，而不是一位，最后，艾米亲自端上可口的甜美点心作为结束。

“散席的时候，我的主客问我：‘你对招待施了什么法术？我从来没见过这么周到的服务。’”

“她说对了。我对艾米施行了友善和诚意的法术。”

和善是润滑剂，它能协调我们与他人之间的关系。不要得理不饶人，不要睚眦必报，试着用和善对待一切，它会比所有的愤怒和暴力加起来更有力量。

3. 成功了也别“高翘尾巴”

有的人偶尔成功一次，便得意忘形起来，他们把“尾巴”翘得高高的，一副“老子天下第一”的样子，这种人即使成功了，也不会太长久。因为自古就有“骄兵必败”之说，因为骄傲就会轻敌，这是兵家之大忌。

“退避三舍”的典故，说的是春秋时的事情。晋公子重耳为逃避政敌，亡命到了楚国。楚成王对他热情款待，酒酣耳热之际，楚成王突发奇想，认定眼前这位落魄潦倒的丧家公子，日后必能重返晋国政坛。考虑到将来晋楚两国的关系，楚成王问道：“如果公子得以执晋国之宗庙，将用什么来报答楚国今天对公子的接待之恩呢?”

重耳倒也会说，恭恭敬敬地答道：“如果有朝一日，重耳托您的福能够重返父母之邦，执晋国社稷之重，别人不敢说，重耳至少可以保证，万一楚晋两国打起仗来，在中原兵戎相见的话，重耳一定命晋军退避三舍。”

楚成王听了也没当回事，心想，以重耳现在这副倒霉德性，能苟延残喘地保住性命，不死在流亡的路上就算不错了，于是就只当听了个笑话。

可是万万没想到，重耳后来被迎回晋国继承君位，成了春秋五霸之一的晋文公。

著名的楚晋城濮之战打起来的时候，重耳突然命令晋国的雄师：“不要抵抗！全军后退三十里!”

楚军乘势追了上来，只是由于天色已晚，才没打得起来，准备次日交锋。

第二天也是这样。晋军是节节退让，楚军是步步紧逼。

到了第四天重耳说话了：“我军连撤了三天，每日一舍三十里，如今正好退够了三舍，已经算是兑现了当年寡人对楚王的诺言了，现在要攻击楚军薄弱的两翼，杀败了楚军，全军有赏!”

清理完战场，将士们纷纷向晋文公请教，都奇怪晋军这支弱旅为什么能以弱胜强，打垮气势汹汹的楚军呢?

重耳微微笑道：“你们以为寡人真的是为了‘退避三舍’的诺言吗?敌强我弱，如果一上来就硬拼，恐怕退的就不止这九十里！寡人用的这叫骄敌之计！让楚军以为我们真怕他们，行军的次序自然会因骄而乱，布阵的策略自然会因骄而错，三军的士气自然会因骄而浮，而我军连退三日，士卒们都憋足了一股劲，这时候，强弱之势已然悄悄地发生了变化，变成我强敌弱了。这个道理其实很浅显，只不过楚军被骄傲冲昏了头脑，看不出来而已!”

看来，一时的成功并不能代表最终的成功，倘若因此而得意忘形，必然会导致失败。可见，这种“内功”的修炼，确实关系到事业的成败。

4. 失败了不必垂头丧气

没有一个成功的人不是从艰难坎坷中走过来的，他们之所以能成功，是因为他们能够坦然面对失败。因为他们知道，失败只是意味着你有不足，还需要继续努力。成功固然是一种激励，但失败也同样可以鼓舞我们继续奋斗，有了这样的修养和心境，人生和事业又怎么会不成功呢?

一位烫衣工人住在拖车房屋中，周薪只60元。他的妻子上夜班，不过即使夫妻俩都工作，赚到的钱也只能勉强糊口。他们的婴儿耳朵发炎，他们只好连电话也拆掉，省下钱去买抗生素治病。

这位工人希望成为作家，夜间和周末都不停地写作，打字机的噼啪声不绝于耳。他的余钱全部用来付邮费，寄原稿给出版商和经纪人。

然而，他的作品全给退回了。退稿信很简短，非常公式化，他甚至不敢确定出版商和经纪人究竟有没有认真地看过他的作品。

一天，他读到一部小说，令他记起了自己的某本作品，他把作品的原稿寄给那部小说的出版商，他们把原稿交给了皮尔·汤姆森。

几个星期后，他收到汤姆森的一封热诚亲切的回信，说原稿的瑕疵太多。不过汤姆森的确相信他有成为作家的希望，并鼓励他再试试看。

在此后18个月里，他再给编辑寄去两份原稿，但都退还了。他开始试写第四部小说，不过由于生活逼迫，经济上左支右绌，他开始放弃希望。

一天夜里，他把手稿扔进了垃圾桶。第二天，他妻子把它捡了回来。“你不应该半途而废，”她告诉他，“特别在你快要成功的时候。”

他瞪着那些稿纸发愣。也许他已不再相信自己，但他妻子却相信他会成功。一位他从未见过面的纽约编辑也相信他会成功。因此每天他都坚持写1500字。

他写完了以后，把小说寄给汤姆森，不过他以为这次又准会失败。

可是他错了。汤姆森的出版公司预付了2500美元给他，于是史蒂芬·金的经典恐怖小说《嘉莉》诞生了。这本小说后来销了500万册，并摄制成电影，成为1976年最卖座的电影之一。

失败并不可怕，可怕的是你没有勇气再站起来，只要内心的修养达到了一定的高度，能够做到把失败当成奋斗的动力，就不怕做不成事。

5. 遇事多看好的一面

一个人的修养不仅在于待人接物的礼貌，更在于看问题，尤其是看待更具消极意义的问题的态度。一个在个人修养方面“内功”深厚的智者，对于不那么尽如人意的现状常常表现出更超然的态度。

一位重要人士对南卡罗来纳州一个学院的学生发表演说，这个学院规模不大，整个礼堂坐满了学生，他们为有机会聆听一个大人物的演说而兴奋不已。演讲开始，那位女士走到麦克风前，扫视了一遍听众，说：“我的母亲是聋子，因此没有办法说话，我不知道自己的父亲是谁，也不知道他是否还在人间。这辈子我的第一份工作，是到棉花田去做事。”

台下一片静寂，学生显然都惊呆了。

“如果情况不尽如人意，我们总可以想办法加以改变，”她继续说，“一个人未来怎样，不是因为运气，不是因为环境，也不是因为生下来时的状况。”她重复着刚才说过的话，“如果情况不尽如人意，我们总可以想办法加以改变。”

“一个人若想改变眼前充满不幸或无法尽如人意的情况，那他只要回答这样一个简单的问题：‘我希望情况变成什么样子？’确定你的希望，然后就全身心投入，采取行动，朝着你的理想目标前进即可。”

接着她的脸上绽出美丽的笑容：“我的名字叫阿济·泰勒·摩尔顿，今天我以美国财务部长的身份，站在这里！”

艰难困苦并不可怕，可怕的是你面对困苦而萎靡不振，消极颓废，心中充满抱怨，趴下了爬不起来。

阿根廷著名的高尔夫球手罗伯特·德·温森多在多场锦标赛中获得了冠军，当他微笑着走出记者的重重包围，来到停车场的时候，一个年轻的女子向他走来。她向温森多表示祝贺后，说她可怜的孩子病得快要死去了，而她却无法支付昂贵的医药费和住院费，温森多被她的讲述所打动，立刻掏出笔在刚赢得的支票上签了名，然后递给那个女子，“这是这次比赛的奖金。祝可怜的孩子走运。”一个星期后，温森多正在一家乡村俱乐部吃午餐，一位职业高尔夫球联合会的官员走了过来，问他一周前是不是遇到一位自称孩子病得很重的年轻女子，温森多点了点头。

官员说：“这样的话，下面的事情就是一个坏消息了，那个女人是个骗子，她根本就没有什么病得很重的孩子，她甚至还没有结婚哩！我的朋友，你让人给骗了！”“你是说她根本就没有一个孩子病得快死了？”“当然，根本就没有。”官员答道。温森多长吁了一口气，说：“这真是我一个星期以来听到的最好的消息！”

当眼前的境况不那么尽如人意的时候，多看好的一面，别沉浸在苦恼中无法自拔。当你挺起腰、抬起头，面带微笑试图改变这一切的时候，情况可能已经因此而改变。

 6. 帮助别人就是在帮助自己

不要吝惜帮助别人，因为帮助别人就是在帮助自己，种下善因必得善果，乐于帮助别人是一个有修养的人品德高尚的体现，这种修养品格极高的人，是值得每一个人信赖和回报的。

一天，一个贫穷的小男孩为了攒够学费正挨家挨户地推销商品。劳累了一整天的他此时感到十分饥饿，但摸遍全身，却只有一角钱。怎么办呢？他决定向下一户人家讨口饭吃。当一位美丽的女孩打开房门的时候，这个小男孩却有点不知所措了，他没有要饭，只乞求给他一口水喝。这位女孩看到他很饥饿的样子，就拿了一大杯牛奶给他。男孩慢慢地喝完牛奶，问道："我应该付多少钱?"女孩回答道："一分钱也不用付。妈妈教导我们，施以爱心，不图回报。"男孩说："那么，就请接受我由衷的感谢吧！"说完男孩离开了这户人家。此时，他不仅感到自己浑身是劲儿，而且还看到上帝正朝他点头微笑。

其实，男孩本来是打算退学的，但他放弃了这个念头。

数年之后，那位美丽的女孩得了一种罕见的重病，当地的医生对此束手无策。最后，她被转到大城市医治，由专家会诊治疗。当年的那个小男孩如今已是大名鼎鼎的霍华德·凯利医生了，他也参与了医治方案的制定。当看到病历上所写的病人的来历时，一个奇怪的念头霎时闪过他的脑际。他马上起身直奔病房。

来到病房，凯利医生一眼就认出床上躺着的病人就是那位曾帮助过他的恩人。他回到自己的办公室，决心竭尽所能来治好恩人的病。从那天起，他就特别地关照这个病人。经过艰辛努力，手术成功了。凯利医生要求把医药费通知单送到他那里，在通知单的旁边，他签了字。

当医药费通知单送到这位特殊的病人手中时，她不敢看，因为她确

信，治病的费用将会花去她的全部家当。最后，她还是鼓起勇气，翻开了医药费通知单，一行小字引起了她的注意，她不禁轻声读了出来：

“医药费——一满杯牛奶。霍华德·凯利。”

无形之中的善举会使别人对于你的帮助永记在心，只要一有机会，他们会主动报答的。如果这位善良的姑娘当初没有赠予这位医生一杯牛奶，她可能不会幸运地免掉高额的医疗费用。

这个感人的故事不仅说明了善有善报的道理，而且还告诉我们，在变幻不定的人生中，高尚的品德也是一道十分有效的护身符。

7. 用理智维护尊严

当我们处在低谷时，往往会有人恶意地蔑视你、践踏你的尊严，这时我们该怎么办呢？与他针锋相对不但降低了你的水准，更可能会因此招致对方更残忍的报复。一味忍气吞声又实在有损自己的尊严。这种情况下，一个真正有修养的智者，会理智地去应付，用一种宽容的心态去展示并维护自己的尊严。

迈克尔·乔丹现在是举世闻名的篮球飞人，但在他小时候，他却曾是一个总被人欺负的“胆小鬼”。迈克尔小时候长得又高又壮，他母亲生怕他会成为学校的“小霸王”，就对他严格要求，告诫他千万要与人为善，要学会忍耐。母亲的教诲很有成效。学期结束的时候，教师在他的成绩单上写下这样的评语：“迈克尔是个优秀的孩子，但他应该学会维护自己的权益。他虽然比别的孩子更高更壮，但别的孩子就是敢欺负他，推他，甚至打他。”母亲惊讶之后是伤心，怎么会是这样的结果呢?

父亲则是问孩子挨打的感觉。孩子流着泪说：“我感觉非常不好，我非常讨厌他们叫我‘傻瓜’，讨厌他们推来推去，更讨厌他们叫我胆小鬼。”停了一会儿，他又说：“我真想狠狠地揍他们，但我知道这样做，妈妈会生气。”父母静静地聆听着迈克尔的诉说，然后平静地对他说：“你不必揍他们，可以通过其他的方式让他们知道你不能再忍受他们的欺负。比如争取自尊，比如树立自信。”迈克尔擦着眼泪，点了点头。

有一天，迈克尔的父母被老师叫去学校。母亲着急地问老师，是不是迈克尔在学校打了架。老师笑着说，没有。原来迈克尔与孩子们在篮球场上打球，那几个经常欺负他的孩子便设法戏弄他，但迈克尔没有像往常一样站在那里忍受，而是叫他们停止，但他们不听，迈克尔只好把其中两个紧紧抱在篮球场上，并没有打他俩。

后来，迈克尔和两个孩子都各自承认了自己的错误，并握手言和。从此，迈克尔再也没有碰到过那种以强凌弱的事件，他成为班上最受欢迎的人。在以后的日子里，迈克尔不仅再也没有被人推来推去过，而且还成为了无数球迷崇拜的英雄——迈克尔·乔丹。

也许，我们每一个人都有类似迈克尔·乔丹小时候的遭遇，此时有人会建议我们忍让，也有人会叫我们还击，而事实上，生活的内容远非如此简单。因为，就人与人之间来说，重要的不是忍让，不是争斗，而是相处。

上世纪30年代，一位疯狂热爱音乐的挪威青年漂洋来到法国，他要报考著名的巴黎音乐学院，考试的时候，尽管他竭力将自己的水平发挥到最佳状态，但主考官还是没有相中他。身无分文的他来到学院外不远处一条繁华的街上，勒紧裤带在一棵榕树下拉起了手中的琴。他拉了一曲又一曲，吸引了无数的人驻足聆听，饥饿的青年男子最终捧起自己的琴盒，围观的人们纷纷掏钱放入琴盒。

一个无赖鄙夷地将钱扔在青年男子的脚下，青年男子看了看无赖，最终弯下腰拾起了地上的钱递给了无赖说：“先生，您的钱丢在了地上。”无赖接过钱，重新扔在青年男子的脚下，再次傲慢地说：“这钱已经是你的了，你必须收下。”青年男子再次看了看无赖，深深地对他鞠了一个躬说:“先生，谢谢您的资助，刚才您掉了钱，我帮你捡了起来，现在我的钱掉到了地上，麻烦你帮我捡起来。”

无赖被青年男子出乎意料的举动震撼了，最终捡起了地上的钱放入青年男子的琴盒，然后灰溜溜地走了。围观者中有一双眼睛一直默默关注着青年男子，就是刚才的那位主考官，他将青年男子带回学院，最终录取了他。

这位青年男子叫比尔·撒丁，后来成为挪威小有名气的音乐家，他的代表作是《挺起你的胸膛》。

生活中，我们应该与人为善，但也不能因此而放弃维护尊严的权利。不太过敏感，不为一些小事生气，但同时也要把握忍耐的限度，把二者协调起来，你就会使自己充满力量，也会把你推到一个个人修养的新高度。